陈祥慧 胡锐 张保华 编著

网球运动
理论与实践

·配有慕课的立体化教材　·扫码观看慕课与动图（见本书末页说明）

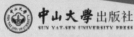
中山大学出版社
·广州·

版权所有　翻印必究

图书在版编目（CIP）数据

网球运动理论与实践/陈祥慧，胡锐，张保华编著.—广州：中山大学出版社，2021.8

ISBN 978-7-306-07283-2

Ⅰ.①网… Ⅱ.①陈…②胡…③张… Ⅲ.①网球运动—高等学校—教材 Ⅳ.①G845

中国版本图书馆 CIP 数据核字（2021）第 160708 号

WANGQIU YUNDONG LILUN YU SHIJIAN

| 出 版 人：王天琪
| 策划编辑：王旭红
| 责任编辑：王旭红
| 封面设计：曾　婷
| 责任校对：陈　莹
| 责任技编：何雅涛
| 出版发行：中山大学出版社
| 电　　话：编辑部 020-84110283，84113349，84111997，84110779，84110776
| 　　　　　发行部 020-84111998，84111981，84111160
| 地　　址：广州市新港西路 135 号
| 邮　　编：510275　　　　　传　真：020-84036565
| 网　　址：http://www.zsup.com.cn　E-mail：zdcbs@mail.sysu.edu.cn
| 印 刷 者：广州市友盛彩印有限公司
| 规　　格：787mm×1092mm　1/16　15 印张　238 千字
| 版次印次：2021 年 8 月第 1 版　2021 年 8 月第 1 次印刷
| 定　　价：49.00 元

如发现本书因印装质量影响阅读，请与出版社发行部联系调换

前　言

近年来，随着人们生活水平的日益提高，人们对健康的生活方式、生活习惯、生活质量越来越重视，健康生活的理念已深入人心。在工作学习之余，人们总是通过各式各样的体育活动来改善生活方式，提高生活质量。被称为世界第二大球类运动的网球运动，因其具有动作舒展大方、健身效果明显、男女老少皆宜、高雅时尚健康等特点，深受大家的喜爱，并逐步进入寻常百姓家。与此同时，各地高校也掀起了开设网球运动课程的热潮，越来越多的大学生参与到网球运动中来。随着我国高校体育教学改革的不断深入，体育教学目标对高校网球运动的技能学习与教学工作提出了更高的要求。基于此，我们撰写了《网球运动理论与实践》一书。

本书从高校学生的实际健康和运动需求出发，重在培养大学生的终身体育意识，力求将先进的网球技术理论、科学的练习方法与体育教学改革的目标有机结合起来，旨在促进我国网球运动的推广普及，为广大网球爱好者提高网球运动技能略尽绵薄之力。通过本书的学习，学生可以了解、掌握正确的网球技术动作，获得科学的练习方法，具备较强的自我纠错能力，发展自身网球运动技能，提高终身运动能力。为此，本书全面系统地阐述了网球运动基础理论知识、实用技术技能、战术实施策略、竞赛规则及裁判法等。我们还利用现代技术，每一章节都配以示范动作与视频讲解，每一项网球技术都配有动图演示，方便学习者全方位、立体式开展网球运动的知识学习。本书属于配备慕课的立体化教材，读者可以通过扫码观看慕课与动图。

本书共分九章。第一章"前世今生之演变：网球运动概述"，讲述了网球运动的发展历程；第二章"谋定而后动：装备选择及基础知识"，对开展网球运动所需的装备和其他基础知识进行介绍；第三章"克敌制胜之利器：正、反手抽击球"，详细讲解网球运动中最重要的正、反手抽击球技术及练习、纠错方法等；第四章"攻守兼备之'核武'：发球与接发球"，就网球运动中"发球、接发球"这一对矛盾统一体进行讲解；第五章"一'网'无前之冲锋：截击球与高压球"，阐释截击球和高压球的技巧与练习方法；第六章"有的放矢之抉择：放小球与反弹球"，将网球技术中的"高、精、尖"部分进行深入浅出的阐述；第七章"应对自如之技巧：挑高球"，对网球比赛中化解不利局面的挑高球技术进行了讲授；第八章"知己知彼之'敌我'：战术理论与实践"，高屋建瓴地将网球战术理论进行了总结，并用以指导网球比赛的实践工作；第九章"规矩绳墨之准则：竞赛规则与裁判法"，从网球运动竞赛的角度出发，介绍了网球运动的竞赛规则，在此基础上对网球比赛的裁判工作进行了详细介绍。

由于作者水平有限，加之时间紧促，书中难免有错误和不妥之处，敬请各位网球专家及广大读者批评指正。

陈祥慧

2021 年 3 月 16 日

目　录

第一章　前世今生之演变：网球运动概述 …………………… 1

第一节　网球运动的起源 ………………………………… 1
一、孕育诞生于法国 …………………………………… 1
二、逐渐成熟于英国 …………………………………… 2
三、大量普及于美国 …………………………………… 5
四、现盛行于全世界 …………………………………… 6

第二节　现代网球运动的发展概况及趋势 ……………… 8
一、现代网球运动的发展概况 ………………………… 8
二、现代网球运动的发展趋势 ………………………… 16

第三节　我国网球运动的起源与发展 …………………… 19
一、首次进入中华大地 ………………………………… 19
二、全国各地生根发芽 ………………………………… 20
三、新中国成立后艰难前行 …………………………… 21
四、改革开放期间稳步向前 …………………………… 22
五、千禧年开创新纪元 ………………………………… 22

第四节　国际网球组织及赛事介绍 ……………………… 25
一、国际网球组织机构 ………………………………… 25
二、国际重大赛事 ……………………………………… 29

第二章　谋定而后动：装备选择及基础知识 ……………… 35

第一节　网球装备的选择 ………………………………… 35
一、网球拍的选择 ……………………………………… 35
二、网球的选择 ………………………………………… 38
三、鞋、服装及袜的选择 ……………………………… 38
四、避震器等其他网球装备的选择 …………………… 39

第二节 网球运动礼仪 …………………………………………… 39
　一、日常练球礼仪 ……………………………………………… 39
　二、参加比赛礼仪 ……………………………………………… 40
　三、观看比赛礼仪 ……………………………………………… 40
第三节 网球运动常见损伤的防治 …………………………… 41
　一、手掌或脚部起水泡 ………………………………………… 41
　二、跟腱炎 ……………………………………………………… 42
　三、网球肘 ……………………………………………………… 42
　四、肌肉痉挛 …………………………………………………… 43
　五、膝关节损伤 ………………………………………………… 43
　六、肩关节损伤 ………………………………………………… 43
　七、踝关节损伤 ………………………………………………… 44
第四节 网球场地规格类型及其特点 ………………………… 44
　一、网球场地规格类型 ………………………………………… 44
　二、不同类型网球场地的特点 ………………………………… 46
第五节 握拍方式及其特点 …………………………………… 47
　一、基础知识 …………………………………………………… 47
　二、不同握拍方式及其特点 …………………………………… 49
第六节 网球运动的移动及击球步法 ………………………… 55
　一、网球运动常用移动方法 …………………………………… 55
　二、网球运动击球步法 ………………………………………… 56
第七节 网球击球技术基本环节 ……………………………… 57
　一、判断 ………………………………………………………… 58
　二、移动 ………………………………………………………… 58
　三、击球 ………………………………………………………… 58
　四、回位 ………………………………………………………… 59

第三章 克敌制胜之利器：正、反手抽击球 ………………………… 60

第一节 正手抽击球技术 ……………………………………… 60
　一、正手抽击球基本技术 ……………………………………… 60
　二、正手抽击球的种类 ………………………………………… 64
　三、常见错误及纠正方法 ……………………………………… 65

四、正手抽击球练习方法 …………………………………… 66
第二节　双手反手抽击球技术 ………………………………… 67
　　一、双手反手抽击球基本技术 ………………………………… 67
　　二、双手反手抽击球的种类 …………………………………… 72
　　三、常见错误及纠正方法 ……………………………………… 73
　　四、双手反手抽击球练习方法 ………………………………… 74
第三节　单手反手抽击球技术 ………………………………… 75
　　一、单手反手抽击球基本技术 ………………………………… 75
　　二、单手反手抽击球的种类 …………………………………… 79
　　三、常见错误及纠正方法 ……………………………………… 80
　　四、单手反手抽击球练习方法 ………………………………… 81

第四章　攻守兼备之"核武"：发球与接发球 …………… 83

第一节　发球技术 ……………………………………………… 83
　　一、发球基本技术 ……………………………………………… 83
　　二、不同类型的发球技术 ……………………………………… 88
　　三、常见错误及纠正方法 ……………………………………… 89
　　四、发球练习方法 ……………………………………………… 90
第二节　接发球技术 …………………………………………… 91
　　一、接发球基本技术 …………………………………………… 91
　　二、接发球的类型及知识拓展 ………………………………… 96
　　三、常见错误及纠正方法 ……………………………………… 98
　　四、接发球练习方法 …………………………………………… 99

第五章　一"网"无前之冲锋：截击球与高压球 ………… 100

第一节　截击球技术 …………………………………………… 100
　　一、截击球基本技术 …………………………………………… 100
　　二、截击球知识拓展 …………………………………………… 104
　　三、常见错误及纠正方法 ……………………………………… 105
　　四、截击球练习方法 …………………………………………… 106
第二节　高压球技术 …………………………………………… 107
　　一、高压球基本技术 …………………………………………… 107

二、高压球知识拓展……………………………………………… 111
　　三、常见错误及纠正方法………………………………………… 112
　　四、高压球练习方法……………………………………………… 112

第六章　有的放矢之抉择：放小球与反弹球…………………………… 114

　第一节　放小球技术………………………………………………… 114
　　一、放小球基本技术……………………………………………… 114
　　二、常见错误及纠正方法………………………………………… 118
　　三、放小球练习方法……………………………………………… 118
　第二节　反弹球技术………………………………………………… 119
　　一、反弹球基本技术……………………………………………… 119
　　二、常见错误及纠正方法………………………………………… 122
　　三、反弹球练习方法……………………………………………… 123

第七章　应对自如之技巧：挑高球……………………………………… 124

　第一节　进攻性挑高球技术………………………………………… 124
　　一、进攻性挑高球基本技术……………………………………… 124
　　二、进攻性挑高球的种类………………………………………… 128
　　三、常见错误及纠正方法………………………………………… 129
　　四、进攻性挑高球练习方法……………………………………… 129
　第二节　防守性挑高球……………………………………………… 130
　　一、防守性挑高球基本技术……………………………………… 130
　　二、防守性挑高球的种类………………………………………… 134
　　三、常见错误及纠正方法………………………………………… 135
　　四、防守性挑高球练习方法……………………………………… 135

第八章　知己知彼之"敌我"：战术理论与实践……………………… 137

　第一节　网球战术基本理论………………………………………… 137
　　一、网球战术概念………………………………………………… 137
　　二、网球战术分类………………………………………………… 138
　　三、单打战术与双打战术之异同………………………………… 138
　　四、网球比赛制胜规律…………………………………………… 139

五、网球战术意识……………………………………141
　　六、网球打法的定义及类型…………………………143
第二节　网球单打战术……………………………………144
　　一、发球战术…………………………………………144
　　二、接发球战术………………………………………147
　　三、底线战术…………………………………………149
　　四、中前场战术………………………………………151
　　五、穿越球战术………………………………………153
第三节　网球双打战术……………………………………154
　　一、搭档的选择………………………………………154
　　二、双打发球与接发球基本站位……………………155
　　三、双打发球与接发球不同站位基本战术…………159
　　四、双打相持阶段不同站位基本战术………………163
　　五、双打各单项技术使用战术………………………167

第九章　规矩绳墨之准则：竞赛规则与裁判法…………170
第一节　网球竞赛规则……………………………………170
　　一、场地、设备规则…………………………………170
　　二、计分规则…………………………………………174
　　三、发球、接发球规则………………………………176
　　四、其他通用规则……………………………………179
第二节　网球比赛裁判法…………………………………188
　　一、裁判长……………………………………………188
　　二、裁判组长…………………………………………192
　　三、主裁判员…………………………………………192
　　四、司线员……………………………………………198
　　五、拾球员……………………………………………201

附录一　网球竞赛用球……………………………………203
附录二　网球场地推荐画法………………………………206
附录三　运动员分析技术…………………………………209
附录四　网球场的广告……………………………………210

附录五　网球竞赛备选程序和计分方法 …………………… 211
附录六　技术官员 …………………………………………… 214
附录七　10 岁及以下年龄组的网球比赛 ………………… 218
附录八　网球竞赛规则的审查与听证程序 ………………… 220
附录九　网球裁判员准则 …………………………………… 225

参考文献 ……………………………………………………… 227

第一章 前世今生之演变：网球运动概述

第一节 网球运动的起源

网球运动孕育诞生于法国，逐渐成熟于英国，大量普及于美国，现盛行于全世界。网球运动是当今世界上最为流行的时尚运动之一，是仅次于足球的世界第二大运动项目，与高尔夫、桌球、保龄球并称为世界四大绅士运动。人们喜爱这项运动不仅仅由于它是一种增进健康的消遣方式，更是出于对运动艺术的追求和享受。

一、孕育诞生于法国

网球运动的起源可以追溯到12—13世纪的法国，当时法国的神职人员常常在教堂的回廊里，用手掌击打一种类似小球的物体，来调剂刻板的生活。这种活动传入法国宫廷，并很快成为宫廷的一种室内消遣娱乐活动。当时，他们把这种游戏叫jeu de paume（法语，用手掌击球的意思），即"掌击球游戏"（图1-1）。英语Tennis（网球）是从法语词tenez（意思是"抓住"，它是运动时提醒对方注意的感叹

图1-1 掌击球游戏

词）演变而来。① 一开始，他们是在室内进行这种游戏，后来转移到室外，在一块开阔的空地上，将一条绳子架在中间，两边各站一人，双方用手来回击打一种裹着头发的布球。

也有人认为，网球运动的起源应追溯到法国民间流传的一种名叫"海鸥·德·巴乌麦"的球类游戏。② 据说这种游戏是由两个人进行的，每人各执一支球拍，球场的周围筑有围墙，球撞到墙上后被弹回去尔后过网。无论从使用的场地和器具上，还是从进行游戏的方法上，它与现代网球运动都有许多相似之处，所以有人把它看作是网球运动的雏形。

二、逐渐成熟于英国

14世纪中叶，法国王储将这种游戏的球（外壳布制，内部填充毛发等物）赠送给英国国王亨利五世，英王颇感兴趣，下令在宫内建室内网球场，于是这种游戏便传入英国。③ 这种球的表面使用埃及坦尼斯镇所产的最为著名的绒布——斜纹法兰绒制作，英国人将这种球称为"Tennis"并流传下来。15世纪，这种游戏由用手掌击球改为用拍板打球（图1－2），且很快出现了一种用羊皮制作拍面的椭圆形球拍，板拍和球拍便应运而生；场地中央的绳子也改为绳帘，以便球从绳子下面穿过时可以被明显地发觉。到了17世纪初，场地中间的绳帘改成小方格网子，而球拍中间

图1－2　改进后的游戏

穿上了富有弹性的弦线，取代了用羊皮纸制作的拍面。从此，网球开始在英国盛行，成为英国上层社会的一种娱乐活动，所以网球运动又被称

---

① 参见陶志翔主编《网球运动教程》，北京体育大学出版社2007年版，第1页。
② 参见张林中编著《网球运动》，哈尔滨地图出版社2009年版，第1页。
③ 参见陶志翔主编《网球运动教程》，北京体育大学出版社2007年版，第1页。

为"宫廷网球"和"皇家网球",有"贵族运动"之雅称。① 16—17世纪,是法国和英国宫廷进行网球活动的兴盛时期。19世纪,欧洲贵族对网球运动愈加喜爱(图1-3)。

图1-3 19世纪欧洲贵族进行网球运动的场景

随着球拍的变化,球也随之发生改变。最初的球很柔软,主要由羊毛和麻制成。由于板拍的出现,出现了一种比较结实,用皮革充填锯屑和细砂制成的球。后来出现了穿线球拍,人们便使用一种用皮革、棉、麻缠在一起并在接缝处缝合起来的球(图1-4),并根据场地的背景,把球分成黑白两色。直到1845年,出现了用橡胶制成的网球,才给网球运动带来了一次革命。1858年,英国人哈利·格姆在美国伯明翰一位朋友的草地上建造了一个"网球场",促进了早期网球游戏的开展。1872年,他又创建莱明顿网球俱乐部,扩大了网球游戏的影响。格姆促进了网球运动的初步形成。

图1-4 早期球拍和球

---

① 参见马兰卡编《你最想看的:细说万事万物由来》,天津人民出版社2015年版,第294页。

1873年，会打古式网球的英国少校沃尔特·克洛普顿·温菲尔德（图1-5）在羽毛球运动的启发下，将早期的网球打法加以改进，使之成为夏天在草坪上进行的一种体育活动。① 自此，草地网球问世，并很快取代了板球而成为英国最流行的室外活动。同年他还出版了一本以《草地网球》为名的书，对这种活动进行了宣传和推广。此后，网球便成为一项室内、户外都能进行的体育项目。1874年，场地的大小和球网的高低得到进一步确定，并首次在英国举办了简易的草地网球比赛。温菲尔德少校对近代网球做出的巨大贡献，使他享有"近代网球之父"的美誉，并荣获了英国女王维多利亚勋章。在伦敦草地网球协会的走廊里，至今还摆放着他的半身雕像。

图1-5　沃尔特·克洛普顿·温菲尔德

　　1875年，全英网球运动俱乐部（图1-6）建立。这个俱乐部建造了世界上的第一个网球场地并制定了网球比赛规则。1877年7月，全英板球俱乐部更名为全英板球和草地网球俱乐部，并第一次举办了全英草地网球男子单打锦标赛，即后来闻名于世的温布尔登网球公开赛。② 此次比赛共有22名男选手参加，不设种子选手，以上网攻击战术凶狠著称的名将斯宾塞·格尔勇夺此次比赛的冠军。亨利·琼斯同另外两个人为这次比赛制定了全新的规则，他本人也担任了比赛的裁判。当时的球场为长23.77米、宽8.23米的长方形，从此成为定制。该比赛规定发球线离网7.92米，网中央高度为0.99米；发球员发球时，可一脚站在底线前，另一脚站在底线后，发球失误一次不判失分；采用古式室内网球的0、15、30、45每局计分法。现在网球比赛所采用的规则基本上是1877年7月温布尔登网球比赛的规则。1984年，英国伦敦玛百勒本板球俱乐部又把网中央的高度定位0.914米。至此，现代网球正式形成，并成为一项深受欢迎的球类活动。可以说，亨利·琼斯是现代网球

---

　　① 参见黄德元、刘键主编《高校体育选项课理论教程》，复旦大学出版社1999年版，第131页。

　　② 参见朱永和主编《世界体育大事典》，中国致公出版社1993年版，第374页。

的奠基人。① 1878 年以来，草地网球（图 1-7）随着英国的移民、商人、驻军等传遍世界各地。

图 1-6　全英网球运动俱乐部

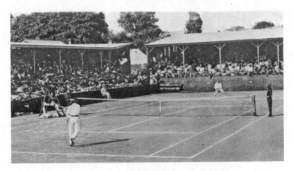

图 1-7　早期草地网球比赛场景

三、大量普及于美国

紧随英国开展网球运动的国家是美国。1874 年，在百慕大度假的美国女士玛丽·尤因·奥特布里奇在观看了英国军官的网球比赛后，对这项体育活动颇感兴趣，于是将网球规则、网球拍和网球带到纽约。她用这些器材在美国纽约斯塔腾岛板球和棒球俱乐部的场地内建立了第一个网球场，美国的网球运动从此拉开序幕。② 在美国，网球运动最初是

---

① 参见付辉、王锋主编《网球运动教程》，天津科学技术出版社 2018 年版，第 2 页。
② 参见朱永和主编《世界体育大事典》，中国致公出版社 1993 年版，第 374 页。

在东部的各所学校中开展的,不久就传到中部、西部,进而在全美得到了普及。1881年,世界上第一个全国性网球协会——美国全国草地网球协会成立。同年8月31日至9月3日,该协会在罗得岛纽波特港举办首次美国男子网球冠军锦标赛(美国网球公开赛的前身)。[①] 比赛设立草地网球男子单打和男子双打两个项目,并采用温布尔登的网球比赛规则,共有26人参加了此次比赛。比赛单打冠军是理查兹·西尔斯,双打冠军是克拉克与泰勒。1887年,美国开始举行草地网球女子单打锦标赛;1890年,举行女子双打锦标赛;1892年,举行混合双打锦标赛。[②] 因当时的美国总统西奥多·罗斯福爱上了网球运动,他不仅积极支持修建网球场、举行网球比赛,而且还经常邀请陪同他骑马、散步的朋友们在白宫球场上打网球,所以人们称他为"网球内阁",由此,美国的网球运动得到了空前的发展。[③] 在两次世界大战中,世界各地的网球比赛都停赛了,唯独在美国没有停下来;相反,美国的网球运动还出现了令人惊异的高峰,并进入极盛时期。时至今日,美国的网球运动在世界上一直处于领先地位,耀眼的网球明星不断涌现,如阿加西、桑普拉斯、张德培、麦肯罗、威廉姆斯姐妹、塞莱斯、纳芙拉蒂诺娃等,都是世界级的顶尖球员。就这样,美国网球运动迅猛发展,其影响力逐渐赶上并超过了最早开展网球运动的法国和英国。

四、现盛行于全世界

19世纪90年代中期,网球进入初步发展阶段。当时网球是富人的运动,因为他们有条件在自家草坪上随时设置网球场,并以此作为社交活动场所。同时,许多国家和地区开始组织网球协会,并定期举行比赛。法国网球锦标赛(简称"法网")、英国温布尔登网球锦标赛(简称"温网")、美国网球锦标赛(简称"美网")和澳大利亚网球锦标

---

① 参见朱永和主编《世界体育大事典》,中国致公出版社1993年版,第375页。

② 参见李小兰、王伟编著《最新球类运动规则与裁判法》,新华出版社2015年版,第202页。

③ 参见林卫国、朱其林编著《网球》,知识出版社1998年版,第3页。

赛（简称"澳网"）合在一起便是世界上最有声望的"大满贯"① 网球锦标赛。任何一名单打选手或一对双打选手能在同一赛季中赢得这四个锦标赛其中的任何一个冠军，便获得"大满贯"优胜者的荣誉。

　　1884年，在温布尔登举办了首届女子网球单打冠军赛，共有13名女选手参加比赛，其中牧师的女儿玛蒂·沃森技压群芳一举夺冠。1891年，法国首次举办了男子单打、男子双打网球锦标赛，参加者仅限于法国公民。1896年，在雅典举行的第一届奥运会开始设网球项目，男子单打和男子双打被列为正式比赛项目，并且一连七届都将其作为正式比赛项目。1900年，美国人戴维斯为增进网球运动员之间的友谊，捐赠了一只当时约值800美元的黄金衬里纯银大钵，命名"国际草地网球挑战杯"，但通常习惯称作"戴维斯杯"。它后来成为世界网坛上声誉最高的男子团体锦标赛永久性流动杯，每年的冠军队及其队员的名字都刻在杯上。1920年，大钵刻满名字后，戴维斯又捐赠了一只垫盒，之后又增添了两只托盘。1904年，澳大利亚草地网球协会成立，并于1905年举办了第一届澳大利亚网球锦标赛，设立了男子单打和男子双打两个项目。1922年，该锦标赛又增加了女子单打、女子双打和混合双打三个项目。

　　1913年3月1日，澳大利亚、美国、英国、法国等国家的网协代表在巴黎召开会议，成立了世界网球的最高组织——国际网球联合会（International Tennis Federation，ITF），总部设在伦敦。国际网球联合会主要负责协调国际网球活动，安排全年比赛日程，修订网球规则并监督其执行。1919年，ITF抽签所采用的"种子"制度首次在温网得以使用；1963年，第一次举办女子网球团体赛——联合会杯赛；1968年，首次实行了职业和业余网球运动员均可参加比赛的参赛制度；1972年，

---

①　大满贯（Grand Slam）一词来源于桥牌比赛。在网球运动中是指一位网球运动员在一年内赢得四大赛事（法网、美网、温网、澳网）的任何一个冠军，包括五个项目（男子单打、女子单打、男子双打、女子双打和混合双打）。如果是同一年之内在四大满贯赛事中均夺冠，被称为"真正的大满贯"或"年度大满贯"；跨年度在连续四项大满贯赛事均夺冠，被称为"跨年度大满贯"；不同年份前后累计实现的，则称为"职业大满贯"；一位网球运动员在一个赛季（一年）里同时赢得所有四大满贯赛事的冠军及奥林匹克运动会中网球项目的金牌，则被称为"金满贯"。参见李颖编著《晨读夜诵·欧美文化常识大全集（英汉对照）》，华东理工大学出版社2015年版，第275页。

由60名男子职业网球运动员组织成立了世界男子职业网球协会（Association of Tennis Professionals，ATP）；1973年，国际女子职业网球协会（Women's Tennis Association，WTA）成立。

1896年，在雅典举行的现代第一届奥运会上，网球的男子单打与双打被列为正式比赛项目。[①] 后来，由于国际奥委会和国际网球联合会在"业余球员"问题上有分歧，已经连续进行了七届的奥运会网球比赛项目被取消。直到1984年的洛杉矶奥运会，网球才被列为表演项目。[②] 直到1988年汉城（首尔）奥运会，网球才被重新列为正式比赛项目。

20世纪70年代以后，网球运动得到迅速发展。究其原因，主要是以下四个方面。第一，温布尔登等网球锦标赛允许职业球员的参加，开创了职业网球巡回赛的先河，同时取消了业余和职业球员之间的界限，增加了比赛的激烈程度，促进了网球运动员技术水平的提高，调动了广大网球爱好者从事该项运动的热情，以及观看、评论网球比赛的积极性。第二，科技在网球场地、球拍等方面中的广泛应用，带动了优良场地的建造、先进器材的生产，同时也成就了一大批年轻优秀的网球运动员，使得网球运动向前快速地发展。第三，国际网球联合会对于网球运动的推广和普及，使得网球运动成为体育产业的主力军。目前，全球从事网球运动员培养、网球人口普及、网球赛事推广等相关活动的从业人员多达几十万人。第四，著名体育运动品牌公司加大对网球相关产品的研发和投入，促进了网球运动在竞技、装备、训练等各个领域同步向前发展。

第二节　现代网球运动的发展概况及趋势

一、现代网球运动的发展概况[③]

自1877年温布尔登网球锦标赛拉开现代网球运动的帷幕以来，网球运动一直以它特有的魅力吸引着越来越多的参与者。尽管这项运动对场地和器材条件要求较高，但并没有阻碍网球成为一项世界性的热门运

[①] 参见潘晟主编《怎样打网球》，苏州大学出版社1996年版，第4页。

[②] 同上。

[③] 各奖项统计至2021年3月，全书同。——编者注

动。人们普遍认为，网球在世界各项球类运动中的地位仅次于足球，在欧美地区网球的普及程度是其他任何项目所无法比拟的。如在美国、英国、法国、德国、瑞典、澳大利亚等一些网球强国中，人们对网球的热情与日俱增，修建的网球场星罗棋布，参与网球运动的人员很多。根据美国网球协会（United Stated Tennis Association，USTA）统计，美国有2700万人参与网球运动，每年总计约有6亿人次参与该运动，35岁以下的网球运动人口占比38%；英国伦敦的网球场数量就达到惊人的2170片，平均每4000人就拥有一片场地；意大利有3000多个网球俱乐部，会员达100万人；法国打网球的人更多，仅俱乐部的会员就有150万人。

现代网球在近一个多世纪的发展过程中，先后涌现了众多令世人仰慕的球星，他们为网球运动的进步与发展做出了巨大贡献。

1. 世界男子网坛

1933年，美国的威廉·塔特姆·蒂尔登（图1-8）的发球和快速进攻，把网球运动带入了新的发展时期。他拥有最齐全的"兵器库"：凶狠的发球和正手，对于旋转、战术以及心理学的运用在当时无出其右。蒂尔登甚至撰写过《草地网球艺术》以及《比赛打法及旋转球运动》等书，其中后者至今仍被视作经典。而美国的杰出球员唐·巴基以其攻击性极强的发球、快速移动、大力的抽球、准确的落点和敏捷的动作，形成了最早的攻守兼备的全面性打法，从而使他成为世界上第一个"大满贯"优胜者。

瑞典人比约恩·博格（图1-9）

图1-8 威廉·塔特姆·蒂尔登

14岁时击败所有参加瑞典少年网球冠军赛的选手而扬名全国。双手握拍的他，擅长在底线和中场以正、反手提拉强烈上旋球控制全场，比赛时沉着冷静、意志顽强、每球必争。他著名的格言是："不战胜，就战死。"博格不仅球艺高强，而且具备良好的体育道德，在赛场上素以举止文雅而著称。1974年,他获得法国罗兰·加洛斯公开赛和意大利公开赛冠军后开始在网坛崛起;1975年,他作为主力帮助瑞典队首次获得戴维斯杯;1976年,他首次获得温布尔登锦标赛冠军,网球史上的"博格时代"从此开始。至1981年,他5次蝉联温布尔登锦标赛冠军,并6次获得罗兰·加洛斯公开赛冠军。

图1-9　比约恩·博格

进入20世纪80年代,随着网球运动的普及与提高,职业化进一步成熟与深化,网球新秀取代老球王,形成了一个球星很难长期独霸天下的局面。1981年,美国的麦肯罗击败了当时声名显赫的球王博格。第二年,这个有"坏孩子"之称的球星就败在名将康纳斯手下。1983年、1984年麦肯罗又重新夺回男子网球霸主地位。1985—1987年,捷克斯洛伐克球员伊万·伦德尔(图1-10)技压群雄,多次被国际网球联合会列为世界头号种子选手。还有美国的库里埃、瑞典的埃德博格和维兰德、南斯拉夫的伊万尼塞维奇等,都是各领风骚的球员。

到了20世纪90年代,又出现了许多新秀,如英国的鲁赛德斯基、澳大利

图1-10　伊万·伦德尔

亚的拉夫特、俄罗斯的卡费尔尼科夫、巴西的库尔滕等，他们都具备向老将挑战的实力。1985年，年仅17岁的鲍里斯·贝克尔获得全英"女王杯"网球赛冠军。同年，在温布尔登网球赛男子单打比赛中，他一路过关斩将，夺得桂冠，成为温布尔登4年历史上首位以非种子选手身份取得冠军的球员，也是最年轻的男子单打冠军，被誉为网球"神童"。在他的运动生涯中，2次获澳大利亚公开赛冠军、3次温布尔登公开赛冠军、1次美国公开赛冠军。

16岁转为职业球员的桑普拉斯，1990年在美国网球公开赛上击败了麦肯罗，淘汰了伦德尔，最后又战胜了阿加西，成为美国网球公开赛百年史上最年轻的冠军。同时，他还带领美国队两度夺得戴维斯杯冠军，并连续6年成为ATP单打年终世界排名第一，打破了伦德尔在80年代创造的总共270周占据世界排名第一的历史记录（后来费德勒于2012年7月16日以第287周男单世界排名第一打破该纪录）。他在ATP巡回赛生涯中，共夺得64项男单冠军（包括14项大满贯锦标和5次ATP年终赛）以及2项男双冠军，成为20世纪最成功的网球运动员和在世界最高水平的网球赛事中获得冠军次数最多的运动员。

美国的另一名职业球员阿加西于1992年首次荣登温布尔登网球公开赛男子单打冠军宝座，随后分别于1994年和1995年在美国网球公开赛和澳大利亚网球公开赛上折桂，达到事业的顶峰。在1999年法国网球公开赛上，他一路过关斩将，以顽强的毅力终于登上冠军宝座。同年7月，他又闯进温布尔登网球公开赛决赛，这使他再次登上ATP头号种子选手的宝座。2000年，阿加西时隔6年再度加冕澳网冠军，并在随后的3年中两度夺冠。

1981年8月8日出生于瑞士巴塞尔的罗杰·费德勒（图1-11），以全面稳定的技术、华丽积极的球风、绅士优雅的形象而著称，他常常被认为是

图1-11 罗杰·费德勒

网球史上最伟大的球员。费德勒拥有 ATP 史上连续单打排名世界第一最长周数的纪录（237 周，2004—2008 年间），斩获 20 次大满贯男子单打冠军。2018 年 2 月 17 日，费德勒晋级鹿特丹赛四强，随着本场比赛的胜利，费德勒再次重返世界第一的宝座，并成为网球历史上最年长的 No.1。

拉菲尔·纳达尔（图 1-12），1986 年 6 月 3 日出生于西班牙马略卡。纳达尔共获得 19 个大满贯冠军（包括 12 次法网冠军、2 次温网冠军、1 次澳网冠军和 4 次美网冠军），并获得过北京奥运会单打冠军和里约奥运会男子双打冠军。纳达尔是现役男子网球运动员中三位全满贯得主之一，也是历史上男子网球运动员中两位金满贯得主之一。纳达尔是一名防御型底线型球员，利用强而有力的上旋球、快速移动的脚步、坚强的意志力，持续来回压迫对手，出色的身体素质让他的上旋球更具威胁性，并在红土球场的表现格外优异。他近乎垂直的挥拍轨迹和快速的拍击速率，使他打出的上旋球，对手不容易抓到准确落点，即使接到也难以施力回击。纳达尔这种独特击球方式是网球技术的一项创举。

图 1-12 拉菲尔·纳达尔

在 2008 年的澳大利亚网球公开赛上，21 岁的塞尔维亚男选手诺瓦克·德约科维奇（图 1-13）一举夺得男子单打冠军，打破了多年来一直由费德勒和纳达尔称霸四大网球公开赛的局面，为年轻球员做出了榜样。2011 年，他在获得澳网、温网和美网冠军后世界排名升至第一。2016 年 6 月 6 日，德约科维奇击败英国选手穆雷，职业生涯首夺法网冠军，就此集齐全部四大满贯冠军头衔，成就"全满贯"荣耀。作为18个大满贯冠军的获得者，德约科维奇有着历史上最犀利的回球，拥有45%的生涯破发点转化率，很少有人能接住德约科维奇从底线打出的诡异而又力量十足的击球，他总能用那致命的反手球来主宰比赛。2018年8月，在辛辛那提获胜后，这位塞尔维亚人成就了当今男子网坛的一项壮举——集齐全部9个大师赛男单冠军，成为自男子大师系列赛1991年设立以来包揽全部冠军的第一人。

图1-13 诺瓦克·德约科维奇

2. 世界女子网坛

澳大利亚优秀女球员玛格丽特·考特（图1-14）是世界上第一个在同一个赛季里夺得四大满贯冠军的女性球员。1960年至1973年先后摘得24个大满贯单打桂冠，成为举世瞩目的一代球皇。

进入20世纪80年代，有"铁金刚"之称的美籍捷克球员纳芙拉蒂诺娃，成为世界女子网坛一颗闪耀光辉的巨星。1982年，她以凌厉的抽杀和

图1-14 玛格丽特·考特

稳健的防守在温布尔登网球公开赛上击败了美国优秀球员克里斯·埃弗特·劳埃德，一举登上了"网坛皇后"的宝座。1978—1990年，她先后7次获得温布尔登网球公开赛冠军。

20世纪90年代以后，世界网坛风起云涌，新老球星竞相争雄，像格拉芙、桑切斯、辛吉斯、达文波特、皮尔斯等都有问鼎世界网球大赛冠军的实力，形成了群芳争艳的局面。施特菲·格拉芙（图1-15），1969年6月出生于一个德国的网球之家，4岁就在父亲的指导下打网球。1987年她获得法国网球公开赛冠军，之后又夺得澳大利亚网球公

开赛冠军。1988年更是格拉芙的辉煌之年，她于同一年获得了四大网球公开赛冠军及奥运会冠军，实现了"金满贯"的骄人纪录。格拉芙采用男子式的力量型打法。在多年的网球征战中，她凭借敏捷的动作、惊人的速度、富有力量的节奏与良好的天赋，创造出了一套男子式的全攻型战术，为世界女子网球运动做出了卓越的贡献。

图1-15 施特菲·格拉芙

塞雷娜·威廉姆斯（简称"小威"，图1-16），是典型的非洲裔美国球员，其令人感到恐怖的绝对力量、爆发力以及丰富的比赛经验让小威几乎"统治"了女子网坛，她是力量、技术、心态和智慧完美结合的球员。拥有23个大满贯冠军头衔的她，在获得伦敦奥运会女子网球单打金牌的同时成为女子网球历史上第二位实现单打"金满贯"的球员，并且小威也是女子网球历史上绝无仅有的实现单、双打同时赢得"金满贯"的球员。

图1-16 塞雷娜·威廉姆斯

图1-17 玛利亚·莎拉波娃

玛利亚·莎拉波娃（图1-17），1987年4月19日出生于俄罗斯西伯利亚汉特曼西自治区尼尔根。2004年，莎拉波娃在温网决赛中横扫小威，夺得职业生涯的首个大满贯冠军；2006年9月10日，在美网女单决赛中战胜海宁，赢得了自己的第2个大满贯；2008年，在澳网决赛中完胜伊万诺维奇，赢得了第3个大满贯；2012年，在法网决赛中决赛击落埃拉尼，完成职业生涯的"全满贯"；2014年，第2次赢得法网冠军，也是第5个大满贯冠军。莎拉波娃以自己出众的天赋与精彩的表现向世人证明，俄罗斯女子网坛永远也不乏冠军争夺者。

3. 网球运动在世界各国的发展近况

现代网球运动从英国温布尔登开始到现在已经有100多年的历史，这项运动的开展也从最初的几个国家发展到风靡全球。随着网球运动的技、战术水平越来越高，竞赛规则不断完善，其职业化、商业化程度日益深化。而世界职业网坛依然发展不平均，尽管亚洲球员也拥有了一定的竞争能力，但欧、美球员依然占据主导地位。

欧洲一直都是网球运动全球化的中心，在短期内仍将保持领先地位。第一集团是西班牙、法国、捷克、意大利、俄罗斯等国。西班牙是欧洲地区网球运动发展最好的国家，拥有众多世界排名最前的职业网球运动员。近几年，西班牙球员在ATP世界排名前50的人数名列前茅，"红土天王"纳达尔更是西班牙人的骄傲。俄罗斯在网球运动全球化推广中举足轻重，"红粉军团"占据着女子职业网坛重要地位，男子球员也是世界男子网坛的常青树。此外，老牌网球强国澳大利亚、英国、德国、瑞典也都盛产天才球员，虽然近几年来成绩有所下滑，但整体实力还是相当雄厚。

在2019年12月ATP和WTA的排名榜上，世界单打50强球员名单中，美国男、女球员分别占据5席和7席，牢牢占据世界职业网坛第二集团的位置。虽然，随着"美国大炮"罗迪克等老一批球员的退役，美国网球竞技水平有所下降，但拥有庞大网球运动人口基数的美国还是涌现出了大量的新人，并且威廉姆斯姐妹等球员的实力犹存。

近年来，南美球员的成长，让南美成为继欧洲、美国之后的第三集团。巴西、阿根廷、智利三国是出产优秀球员的摇篮，涌现过纳尔班迪安、库尔腾、冈萨雷斯等优秀球员。

在亚洲地区，日本的网球运动推广率很高，网球人口占本国人口的8%以上，且拥有锦织圭、添田豪、杉山爱等知名球员。日本女球员大阪直美，继2018年获得美网冠军后，于2019年首度加冕澳网桂冠，实现了背靠背大满贯（指连续进入两个网球大满贯赛事决赛）的壮举，成为历史上第一位登顶单打世界第一的亚洲球员。泰国球员斯里查潘的职业生涯最高排名为世界第9。随着李娜两夺大满贯冠军，以及郑洁、晏紫、彭帅等在国际大赛上取得的优异成绩，中国女子军团在世界网坛也有了一席之地。被称为中国网球"小花"的众多后辈们通过近几年的不断锻炼，已经能够在高手如云的女子网坛崭露头角。

二、现代网球运动的发展趋势

现代网球运动经历了一个从贵族化到平民化的过程。在古典网球出现初期，从神职人员开始，逐渐被广大平民所喜爱。在当时的谚语中有这样一句话"英格兰的酒鬼如牛毛，法兰西的球手数不清"，可见网球运动从诞生之初就拥有天然的"平民缘"，这与网球运动自身具备的特征有关。12—13世纪，网球被传入了法国宫廷，但是被认为有损贵族的身份而被路易四世禁止，直到路易十世才将其解禁，并且成为法国上层社会的一种娱乐活动，当时的法国甚至规定网球是宫廷中的特权游戏。16—17世纪，是法国和英国宫廷进行网球运动的兴盛时期。网球职业化发展以来，网球在全球的普及面越来越大，网球人口也随之迅速增多。截至2021年5月，国际网球联合会的会员已经由1980年的69个发展到210个。在当今社会，网球早已不再是贵族运动，而是人人可以接触的运动。

（1）舆论领袖的推动作用、明星人物的示范效应，推动网球运动继续向前发展。根据传播学的理论，舆论领袖又叫意见领袖，是指在信息传递和人际互动过程中少数具有影响力、活动力，但没有担任与网球运动相关的任何职务的人，他们既非网球运动组织成员，也不是该运动的职业球员。这些人是大众传播中的评价员、传达者，是组织传播中的闸门、滤网，是人际沟通中的"小广播"和"大喇叭"。网球运动的推广更是如此，舆论领袖中包括了领导人、社会名流、普通百姓中的最早接受者，他们对网球运动的发展发挥着不可忽视的推动作用。于1315年继位法国国王的路易十世，是中世纪喜爱网球的君王中最具代表性的人物。正是他恢复了被禁止多年的宫廷网球活动，据说网球选手穿白色的网球服参加比赛的习俗也是由他而来。此后，法王路易十四、英王詹姆斯一世都是网球运动的热衷者，这些君王在早期网球运动的推广上起到了很大的作用。素有"网球内阁"之称的美国第26任总统罗斯福对网球运动的贡献自不必多言。俄罗斯人历史上就热衷于打网球，文学巨匠托尔斯泰本人曾经拥有俄国的第一个网球场。苏维埃领袖列宁也会抽空去打网球，据说这是他唯一的爱好。而叶利钦对于俄罗斯网球运动的贡献可以说是无与伦比，"叶利钦总统让俄罗斯的网球运动从无到有"[①]。俄罗斯第一个大满贯冠军米斯金娜在法网夺冠时如是说。无论是联合会杯，还是戴维斯杯，只要是俄罗斯的主场，总有一个特殊的球迷会不遗余力地为球员加油，那就是叶利钦。近代中国，末代皇帝溥仪和少帅张学良都是网球运动的爱好者。共和国开国上将吕正操将军，一生喜爱网球运动，吕将军曾出任中国网球协会名誉主席，为中国网球运动的发展致力奉献，并于1990年获国际网联最高荣誉奖。

不断涌现的网球明星加速了网球运动的普及与发展。一位位斩获大满贯冠军头衔的网球明星，在自己的网球道路上书写了一个又一个传奇的故事，也正是如此，让更多的观众喜欢和迷恋网球。一个个网球明星的涌现，不但可以掀起一个国家的网球热潮，他们甚至还会成为国家英雄，这种事例并不鲜见。可以毫不夸张地讲，如果没有网球明星的示范效应，职业网球赛事绝对不会像今天一样受到人们的追捧和喜爱，更不会使得网球运动拥有如此强大的群众基础。很多被访的球迷均表示，对球星的崇拜是他们最早接触网球的动因之一。

（2）举办高额奖金赛事成为推动网球运动前进的永动机。当今网坛，每一年度最受关注的无疑是四大满贯公开赛和年终的ATP与WTA巡回赛总决赛，加上各级巡回比赛和团体比赛，这些纵贯全年的比赛为网球迷的培养和网球竞技水平的提高注入了源源不断的动力。自1968年允许职业球员参加各种重大网球比赛以来，世界各大赛事便充满了商业色彩。当今四大满贯以及其他各种级别的大赛，其奖金金额都大得惊人，这也吸引了越来越多的球员参与到比赛中，并以此作为终身职业。近年来，澳网、法网、温网以及美网四大满贯公开赛，总奖金额度每年均有不同程度的上涨。2019年，美网总奖金从2018年的5300万美元，上涨到5700万美元；男、女单打冠军奖金均为385万美元。随着我国网球运动的蓬勃发展，从前些年的中国网球公开赛、上海年终总决赛

---

① 参见《俄罗斯女子网球崛起 前总统叶利钦功不可没》，见搜狐体育网（https://sports.sohu.com/2004/06/06/16/news220401640.shtml），刊载日期：2004年6月6日。

（现为上海大师赛）、广州国际女子网球公开赛三足鼎立，发展到现今囊括了除大满贯外的所有级别的赛事。2019年在深圳举办的女子职业网球年终总决赛，冠军的奖金甚至超越了大满贯冠军的奖金，达到惊人的472.5万美元。

（3）竞争激烈的职业比赛，推动着网球运动训练手段的变革和球员竞技能力不断向前发展。随着科技的进步和比赛激烈程度的加剧，促使运动员在训练手段和方式上不断推陈出新，唯有如此，才有机会战胜强敌。运动员的竞技能力无论是在技能、体能还是在心智上都取得了长足进步，技术手段更加丰富、精细，体能储备更加充沛、丰裕，心智表现更加成熟、稳重。在技术上，双手反手握拍大大加强了反手击球的攻击力，鱼跃接发球技术、双打中的扑抢网技术、用快速起跳高压来对抗攻击性上旋高球等高难度技术不断出现。发球上网战术在快速场地上的运用，推动着接发球及破网技、战术的丰富与发展。双打接发球方的抢网战术不仅仅运用于男双比赛，而且在女双比赛和混双比赛中普遍使用，使得各项攻防技、战术达到空前的高度。网球比赛中不同质地的球场使球速和弹跳差别较大，要求运动员具有广泛的适应能力，促使运动员必须技、战术更全面，步法调整更灵活，身体协调性更突出。另外，由于网球赛事频繁、对抗激烈、赛季漫长，这就要求运动员必须具备充沛的体能储备。运动员不但需要打好每一分球，随时应对赛场上的各种突发情况，而且需要处理好球场外的事宜，如赛事安排、球迷见面会、商业赞助等，这在一定程度上促使了其心智的成熟与稳重。

女子网坛则呈现出力量派球员继续占主导地位，冠军争夺由少数球员一统天下到各路英豪群芳争艳的全新局面。2000年前后，随着威廉姆斯姐妹、达文波特、克里斯特尔斯等一批力量派球员的出现，使得拥有全面、精细男性技术动作的女子球员结合自身力量完美演绎了女子网坛的"暴力美学"。像美国的威廉姆斯姐妹都能发出时速200千米/小时以上的发球，加上灵活的步法、充沛的体能，使她们在较长时期内占据着女子网坛霸主地位。近年来，女子网坛一家独大的局面逐渐瓦解，无论从大满贯冠军的归属上看，还是从其他赛事的连续夺冠能力上分析，女子网坛都呈现出新老交替争相斗艳的新格局。

（4）青少年运动员跨入世界顶尖网坛行列。1985年，17岁的德国小将贝克尔夺得温布尔登男子单打冠军；德国姑娘格拉芙16岁就跻身世界前列，1987年其积分超过老将纳芙拉蒂诺娃成为新的"网球女皇"；1989年，美籍华人17岁小将张德培夺得法国网球公开赛男单冠军，震动了世界网坛；南斯拉夫16岁姑娘塞莱斯脱颖而出，击败各国对手，荣获1990年法国公开赛冠军，1991年又获得澳大利亚公开赛和美国公开赛冠军，并蝉联法国公开赛冠军，跃居世界女子排名第一位；1997年，17岁的辛吉斯获澳大利亚网球公开赛、美国网球公开赛冠军、法国网球公开赛亚军，世界排名升至第一位。近年来，又涌现出大阪直美、巴蒂、高芙等一批年轻的世界级球员，这些都显示球员出成绩时的年龄越来越小。

（5）国际网球机构对规则的不断完善与修订，推动了网球运动向更加完善的方向发展。在WTA与ATP的管理和积分制度上，从来都不是一成不变的，每隔一段时间，管理者们就会修改一些规则条款。目的只有一个：避免球员们为参加比赛奔波于世界各地，让高级赛事更集中、更精彩，让低级赛事成为新人成长的摇篮，完善整个比赛和积分系统。2006年以来使用的鹰眼系统，以及对新生代球员比赛采用的特别赛制等，都是力求通过不断进行改革以达到推动网球运动发展的目的。

第三节 我国网球运动的起源与发展

一、首次进入中华大地

19世纪中叶，中国被迫陆续开放了一些沿海通商口岸，西方的官员、商人、传教士和军警纷至沓来，网球运动便由他们带入中国。1843年，上海被辟为商埠对外开放，西方人士纷至沓来，1860年，英法联军侵华，英军占领天津紫竹林作为练兵场，随后逐渐增设田径场、足球场及网球场，这是中国建立网球场的最早记载。1876年，上海以外侨为主的网球总会建造了两片草地网球场，这两片草地球场是上海最早的标准网球场。

中国网球运动的传播得力于基督教会。19世纪后叶，英法等国先后在上海、北京、天津、广州、香港等到地创办教会学校，在全国大中城市建立基督教青年会。由于许多传教士和外籍教师喜欢打网球，他们的工作对象是青年学生，而体育又是青年会的主要活动内容，网球运动因此在中国逐渐兴起，甚至在有些县城也建起了网球场。1898年，上海圣约翰书院举办了斯坦豪斯杯网球赛，这是中国网球史上最早的校内比赛。1906年，北京的汇文学校、协和书院、清华学校，上海的圣约翰大学、南洋公学、泸江大学，以及南京和广州与香港的一些学校开始举行校际网球对抗赛，促进了网球运动在中国的传播。[①]

二、全国各地生根发芽

到了20世纪20年代，网球运动已在全国各地开展起来，一些公共体育场都设有网球设施。1929年，《国民体育法》公布，要求"各自治之村、乡、镇、市必须设置公共体育场"，并规定球类项目场地包括网球场。[②] 安徽等省明令要求：县公共体育场内网球场至少两片。这对推动网球运动在中国的发展起到了良好的作用。历史资料表明，当时除边远地区外，中国各省市及一些县城均建有网球场并开展活动，其中以学生和教师居多，还有外侨及当地社会上层人士。网球运动在中国兴起后，各大城市相继出现网球协会和俱乐部组织，通常是由一些社会团体和网球爱好者自发组成。这种组织在上海和北京最多，天津、青岛、太原、南京、武汉、广州、重庆、昆明、成都亦有一些。1931年，中华全国体育促进会组织成立中华网球会，并开展活动参与比赛。[③]

1910年，在南京举行的旧中国第一届全国运动会，共4项比赛，网球就是其中之一，另外3项是足球、篮球、田径。[④] 1924年，第三届全运会开始又增加了女子网球比赛，但无人报名。1930年第四届全运会女子首次登上网球赛场，并一直延续到1948年第七届全运会。中国网球运动自20世纪初期便与国际有了交集。1913年，远东运动会将网

---

　　① 参见朱永和主编《世界体育大事典》，中国致公出版社1993年版，第375页。
　　② 参见王增明编《近代中国体育法规》，中国体育史学会河北分会1988年版，第1页。
　　③ 参见付辉、王锋主编《网球运动教程》，天津科学技术出版社2018年版，第6页。
　　④ 参见陶志翔主编《网球运动教程》，北京体育大学出版社2007年版，第14页。

球列入正式比赛项目。从1915年第二届远东运动会起,中国开始派人参加网球赛,至1934年共参加了九届。1923年起,中国还派人参加了第六届至第十届远东运动会的女子网球表演赛。当时的中国网球还局限在少数有钱人的圈子里,水平不高,连续六届远东运动会上名次居日本、菲律宾之后。1927年,第八届远东运动会上,以华侨邱飞海、林宝华为主力的中国队首次战胜日本队和菲律宾队获得冠军,从而结束了当时运动员参加国际网球赛无冠军的历史。[①] 1924—1946年,中国球员共参加了6次戴维斯杯网球赛。

1917年2月,中国图书公司出版孙揆著的《网球》。该书包括网球规则、球场、用具、比赛方法、各种击球方法等内容,是中国最早的网球理论专著,促进了中国网球运动的开展。1924年,中国邱飞海参加了第44届温布尔登网球锦标赛,并进入了第二轮。这是中国人首次参加温布尔登网球锦标赛。[②] 1938年,中国许承基作为第八号种子选手参加了第58届温布尔登网球锦标赛,在男子单打中进入第四轮,这是中国参加温布尔登网球锦标赛史上取得的最好成绩。另外,他还蝉联1938年和1939年英国硬地网球锦标赛的两届单打冠军。

三、新中国成立后艰难前行

1949年以后,网球运动在起点低、基础差、交往少的困难下逐渐得以发展,并逐渐成为群众性的比赛项目。例如,1950年在上海举行的"全沪网球公开赛"上,夺得冠军的就是青岛的一名工人;1953年,在天津举行的4项球类运动会中就有网球比赛。1956年,中国网球协会成立。1958年,我国首次派出代表团参加了在伦敦举行的温布尔登网球赛。1959年,新中国的第一代网球运动员朱振华和梅福基在波兰索波特国际网球赛中首次赢得男子双打冠军。我国网球队在1974年第七届亚运会上的男、女团体比赛中,均取得了第二名。

---

① 参见张宏伟、王博《第八届远东运动会史考》,《体育文化导刊》2007年第8期。

② 参见朱永和主编《世界体育大事典》,中国致公出版社1993年版,第377页。

四、改革开放期间稳步向前

改革开放后,随着国力的增强和人民生活水平的提高,人们对网球运动的观念发生了重大改变,人们已把网球当成一种健身娱乐方式,网球运动得到了空前快速的发展,网球的逐步普及也推动了竞技网球运动水平大幅度提高。1979年10月,我国网球运动员参加了在日本举行的博登国际网球比赛,余丽桥和陈娟获得女子双打冠军。1980年10月,在日本东京女子网球公开赛上,余丽桥获得女子单打冠军。1981年1月,在美国白宫杯少年网球锦标赛上,胡娜和李心意获得女子双打冠军。1986年第10届汉城(首尔)亚运会,李心意获女子单打冠军,从此结束了中国在亚运会上无网球金牌的历史。在1990年第11届北京亚运会上,我国网球运动员获得3块金牌(男子团体冠军、潘兵获男子单打冠军、夏嘉平和孟强华获男子双打冠军)、3块银牌和1块铜牌。中国女队参加1991年联合会杯网球团体赛,在58个参赛队中进入16强。夏嘉平参加世界大学生运动会网球比赛获得男子单打冠军。1992年,在西班牙巴塞罗那举行的第25届奥运会网球比赛中,我国网球运动员第一次打进奥运会,分别是女单选手李芳、陈莉,女双选手李芳、唐敏,男双选手夏嘉平、孟强华。1994年,在广岛亚运会网球比赛中,我国选手潘兵蝉联男子单打冠军,夏嘉平、李芳获得混双冠军,李芳、陈莉获得女双亚军,李芳的世界排名升为第50位。1999年,李芳、易景茜在美国西雅图WTA国际女子巡回赛上一举夺得了冠军。这些成绩说明我国竞技网球运动有了长足的发展,令人鼓舞。当然,这一时期我国网球水平与世界水平还存在较大差距。

五、千禧年开创新纪元

2000年1月17日,我国优秀网球运动员易景茜一举闯入澳网公开赛前32名,这一战绩给在世界四大网球公开赛上很少有"出彩"的中国网球带来了不少欣喜。直到2004年,澳网青少年组女双决赛,孙胜男搭档詹咏然击败了瓦伊迪索娃组合夺冠,这是中国第一次夺得大满贯冠军,尽管是青少年组。同年,李婷、孙甜甜在第24届奥运会上夺得女子双打金牌（图1-18），更是让全世界看到了中国网球的进步。2006年，郑洁与晏紫搭档摘下了澳网和温网的女子双打冠军（图1-19），澳网的夺冠是中国球员第一次夺得网球大满贯成年组冠军。在2008年北京奥运会上，郑洁与晏紫再次搭档摘得女双的铜牌。2011年6月4日，李娜（图1-20）在法网决赛与斯齐亚沃尼的比赛中获得胜利，从而成为第一位获得网球成人组大满贯单打冠军的亚洲球员。2014年1月25日，李娜第三次跻身澳大利亚网球公开赛决赛并最终收获女单冠军，其个人世界最高排名也达到世界第二的高度。

图1-18　李婷与孙甜甜获得奥运金牌

图1-19　郑洁与晏紫获得澳网冠军

图1-20 李娜

中国男子网球队成绩起伏较大，在戴维斯杯亚大区成绩跌宕起伏，于1994年和2001年两次跌入B组，并分别于1995年和2004年冲A成功。男子双打在2004年上海喜力ATP双打比赛中进入决赛，但从整体来看，还是存在较大差距。

2017年1月28日，我国小将吴易昺拿下澳网青少组男双冠军。同年，吴易昺在美网青少年组单打决赛中以6∶4、6∶4的比分战胜赛会头号种子选手阿根廷人盖勒夺得冠军，这是中国球员首次在大满贯青少年组别获得单打冠军；而前一天吴易昺和搭档已经拿下双打冠军，他也成为美网青少年赛会历史上第二位"双冠王"。2018年，雅加达亚运会上我国网球运动员夺得女单、女双金牌，男子单打更是获得了亚军，这也是时隔24年后我国男子网球在亚运会上的最好成绩。

随着经济的飞速发展和网球竞技水平的不断提高，我国网球运动无论是在竞技体育领域还是在群众体育领域均得到迅速发展，场馆建设不断扩大，爱好和从事网球运动的人口不断增加。有关研究结果显示，我国拥有网球人口（平均每周打1次网球的人群）约为120万人，网球场数量为2.8万片，从事网球活动的青少年达三四万人，注册的各级专业运动员近2000人。[①] 其中，北京和上海市拥有的网球场都超过千片，并且全国网球场地正处于高速增长期。2020年开始的中国网球巡回赛，还专门设置了CTA500和CTA200这两种针对业余球员的比赛。这些都

---

① 参见付饶《中国到底拥有多少网球人口》，见网页（https://mp.weixin.qq.com/s/D100jQe3gCrKFF2oz6sOdA），刊载日期：2016年5月18日。

说明我国网球运动得到了飞速发展,网球市场正在不断扩大,但人均相较于欧美等发达国家仍差距较大。根据 2015 年欧洲的统计数据,德国约 4.7 万片(350 万网球人口),法国约 3.1 万片,而美国每万人就有 5 片场地。在中国,以上海为例,每 2 万人平摊不上一片场地。近年来,中国网球运动的竞技水平虽然也有所提高,但令中国网球界困扰的是国家主力队员还不够顶尖,特别是单打选手。虽然女队有所突破,但随着李娜等"金花"的相继退役,也逐渐显得青黄不接,无法在国际大型赛事中取得骄人战绩。并且男女队形成了较大反差,长期以来,困扰我国体育界的"阴盛阳衰"现象在网球领域也始终无法取得突破。

当今世界体坛,网球是职业化程度非常高的运动项目,已经形成了一整套固定的运行模式。因此,要想改变中国网球运动落后的面貌,我们必须认真面对困难,找出解决问题的办法。正如前国际网球联合会主席贝蒂先生 2000 年在上海大师杯赛上所指出:"一个国家要发展和提高网球的竞技水平,最关键的就是要抓好三点。一是要有高水平的教练,二是艰苦的训练,三是多参加国内外的比赛。"同时,我们也必须开拓出一条适合中国国情的网球发展之路。例如,加大网球运动的普及力度,健全管理、竞赛体系,更新训练模式,创造参加国际职业比赛的机会,提高运动员及教练员整体素质,提升网球科研水平,积极找出适合中国国情的网球发展之路,争取早日使我国网球运动进入世界体育强国之林。

第四节 国际网球组织及赛事介绍

一、国际网球组织机构

(一)国际网球联合会(ITF)

国际网球联合会(International Tennis Federation,ITF,图标如图 1-21 所示,以下简称"国际网联")筹建于 1911 年。当时草地网球正在迅速发展,一些设有网球协会的国家迫切需要一个国际机构负责协调和组织国际性比赛。1913 年 3 月 1 日,有 12 个国家的代表在巴黎举行了全体会议，正式宣告国际网联的成立。目前，该机构有 210 个协会会员，总部在伦敦。

国际网联的任务是制定、修改和实施网球规则；在各级水平上促进全世界网球运动的发展，在国际上维护网球运动的利益；促进和鼓励网球的教学，为发展中国家的网球教练开设培训班；协调世界青年、成年和老年网球比赛；为国际赛事制定和实施规则，裁定国际网联认可的正式网球锦标赛，增强协会会员的影响力，维护国际网联的独立，确定运动员的资格，管理业余、职业及业余与职业混合型比赛，合理使用国际网联的资金，维护网球界的团结及监督这些规则的实行。

图 1-21 国际网球联合会图标

国际网联的最高权力机构是代表大会，每年举行 1 次。国际网联的领导机构是管理委员会。管理委员会由 11 人组成，并由代表大会选出，任期两年。除执行主席和执行副主席外，其他委员均为名誉身份。管理委员会由主席和 12 名委员组成，其中 3 人分别来自拥有表决票最多的协会，此外，至少亚洲 1 人、南美 1 人、非洲 1 人、巴拿马运河以北 2 人、欧洲 2 人。管理委员会由全会选举产生，每两年 1 次，可连选连任。管理委员会可设立专门委员会，并赋予其自己的部分权力。国际网联现有的专门委员会有奥林匹克委员会、青少年竞赛委员会、老运动员委员会、技术委员会、网球规则委员会、国际网联规则委员会、财务委员会、医务委员会、大众传媒委员会和教练委员会。常务理事会中的正式成员都来自网球运动比较发达的国家，而且有资格参加戴维斯杯和联合会杯赛。非正式会员无选举权，但可向常务理事会提出申请，3 年后方可成为正式会员。国际网联由其理事会负责管理，理事会由网协会员代表组成。通过常务会，制订下一年度国际网联的工作计划。

国际网联的正式团体赛有戴维斯杯（男子团体）、联合会杯（女子团体）、NEC 世界青年杯（16 岁以下男女少年）、NTT 世界少年网球赛（14 岁以下男女少年），以及针对不同年龄组的意大利杯、杜布莱尔杯、奥地利杯、不列颠杯、克洛福德杯等。还有分别为 40 岁和 50 岁妇女举办的青年杯和布耶诺杯等。① 国际网联的正式锦标赛有温布尔登网球公开赛、美国网球公开赛、法国网球公开赛、澳大利亚网球公开赛、日本公开赛、意大利锦标赛、国际网联老将世界锦标赛等。

（二）世界男子职业网球协会（ATP）

ATP 即世界男子职业网球协会（图标如图 1-22 所示），成立于 1972 年，它是世界男子职业网球运动员的自治组织。1972 年，由 60 名男子职业网球运动员组织了 ATP，参加的会员是名列世界前 200 名的男子网球运动员。ATP 的主要任务是维护职业网球运动员的利益，协调职业球员和赛事之间的伙伴关系，并负责组织和管理职业球员的积分、排名、奖金分配，以及制定比赛规则和给予或取消球员的参赛资格等项工作。

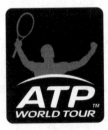 

图 1-22　世界男子职业网球协会图标

1990 年，为了提高赛事的水准，ATP 负责人马克·迈尔斯首先改革了沿用多年的平均体系排名法。该排名法是从 1973 年开始使用的，其主要弊端是一些优秀网球运动员每年参赛的次数急剧下降。基于这一点，职业网联决定采用"最佳 14 场累计分＋击败种子选手奖励分"的计分体系。我们现在所看到的 ATP 以及 WTA 都采用了与此类似的计分方法。ITF 没有自己的排名，但它承认 ATP 和 WTA 的排名。这两个排名体系是世界网坛最具权威性的网球运动员排名。

ATP 每年所举办的主要大赛有 ATP 世界巡回赛 1000 大师系列赛、ATP 世界巡回赛 500 系列赛事、ATP 世界巡回赛 250 系列赛、国际系列挑战赛、卫星赛等众多赛事，分别在六大洲 34 个国家举行。

---

① 参见何长领主编《奥运小百科》，新世界出版社 2001 年版，第 99 页。

（三）国际女子职业网球协会（WTA）

WTA 即国际女子职业网球协会（图标如图 1-23 所示），成立于 1973 年。它是世界女子职业网球运动员的自治组织，总部设在佛罗里达的圣彼得斯堡，体育科学部、医学部、巡回赛运作部和选手关系办公室设在美国佛罗里达州的圣彼得斯堡。主要任务是组织职业网球运动员的各种比赛，其中主要是 WTA 巡回赛，管理职业网球运动员的积分、排名、奖金分配等。WTA 的工作代表职业球员的利益，保证世界上百位职业球员能有机会参加比赛，并在比赛中打出水平；协调与赞助商、赛事主办者之间的关系，推动女子网球运动的发展。2018 年，WTA 的观众人数达到了破纪录的 6 亿。2019 年，来自 100 个国家的 2500 多名注册球员在全球 29 个国家组织的 55 站比赛以及四项大满贯赛事中参加巡回赛，赛事总奖金额超过 1.64 亿美元，并在中国深圳举行 WTA 总决赛。

图 1-23 国际女子职业网球协会图标

女子职业网球赛事分为五个级别。

1. 大满贯

由 ITF 主办的四大网球赛事，并不隶属于 ATP 或 WTA 中任何一个。级别最高，奖金总额均超过 4000 万美金，冠军可以获得 2000 分的排名积分。

2. 皇冠赛

由 WTA 主办的最高水平的网球赛事，其奖金和积分也是 WTA 巡回赛中最高的，奖金总额为 450 万美元，冠军可获得 1000 分的排名积分。

3. 超五巡回赛

由 WTA 主办的较高水平的网球赛事，其奖金和积分仅次于皇冠赛。

4. 顶级巡回赛

由 WTA 主办的一般水平的网球赛事，其奖金总额为 61.8 万或 72.1 万美元，冠军可获得 470 分的排名积分。

5. 国际巡回赛

由 WTA 主办的较低水平的网球赛事，基本奖金额为 23.5 万美元，冠军可以获得 280 分的排名积分。WTA 负责包括年终总决赛在内的 60 个左右的赛事。

二、国际重大赛事

（一）四大网球公开赛

温布尔登网球公开赛（Wimbledon Open）、法国网球公开赛（Roland Garros Open）、美国网球公开赛（US Open）和澳大利亚网球公开赛（Australia Open），被称为世界四大网球公开赛。它们分别都是每年一届的，最为重要的世界性网球单项比赛，世界各地的职业球员均视获得这四大比赛桂冠为最高荣誉。

1. 温布尔登网球公开赛

温布尔登网球公开赛（图标如图 1-24 所示）是现代网球史上最早的网球比赛，由全英俱乐部和英国草地网球协会于 1877 年创办。其首次正式比赛在该俱乐部位于伦敦西南郊的温布尔登总部举行，名为"全英草地网球锦标赛"。

图 1-24 温布尔登网球公开赛图标

首届比赛只设男子单打，冠军奖杯叫"挑战杯"。1879 年增加男子双打，1884 年增加女子单打，1899 年又增加女子双打和混合双打。1901 年才接受本土之外的球员参赛，当时只限于英国自治领参加；1905 年正式开放后，美、法等国球员才跨海而来参加比赛。1922 年进行了两项改革，一是修建可容纳 1.5 万名观众的中央球场，二是废除了"挑战赛"。从这一年起参赛球员要取得冠军，男子必须从第一轮打起，连胜七场比赛；女子则必须连胜六场比赛。1968 年，国际网联同意职业球员参加该项比赛，同时组织者还募集巨额奖金，吸引全世界的一流球员参加，竞技水平得到逐年提高。因此，比赛期间群英荟萃、高手云集，争夺十分激烈，体现了网球技术的最高水平和发展趋势。

如今，只要是温布尔登的比赛，观众可达 30 万人以上，而观看电视实况转播的人数则在 5 亿以上。并且，温布尔登网球公开赛奖金在逐年提高，1984 年男子单打冠军奖金为 10 万英镑、女子单打冠军为 9 万英镑；1985 年，男子单打冠军奖金为 13 万英镑；2019 年，温网男女单打冠军均可获得 235 万英镑的奖金,连第一轮遭淘汰的球员也可获得 4.5 万英镑的奖金。高额奖金使温布尔登网球公开赛具有极强的吸引力,使得这项赛事活动百年不衰。

网球起源于西方的上层社会,是十分优雅和绅士的体育活动,而早期的网球场地采用的是造价昂贵的草地,而且保养起来十分困难。温布尔登网球公开赛是历史悠久的网球赛事,同时它也延续了使用草地这一传统。温布尔登拥有 18 片质地优良的草坪场地,并且常年精心养护,每年迎接来自全世界的网球精英。与其他场地不同,草地球场的摩擦系数较小,球速较快,常常出现弹跳不规则的现象。因此,擅长发球和网前技术的球员往往在草场比赛中占有优势,而费德勒、桑普拉斯、博格都是这里的风云人物。

2. 法国网球公开赛

法国网球公开赛(图标如图 1-25 所示)通常在每年的 5—6 月举行,是每年继澳大利亚网球公开赛之后,排在第二个进行的大满贯赛事。法国网球公开赛规定每场比赛采用 5 盘 3 胜淘汰制,而且使用的是有利于底线对抗的慢速红土场地,所以一场比赛打 4 个小时以上是司空见惯的。在这样的球场上,花这么长的时间去打一场比赛具有很大挑战

图 1-25 法国网球公开赛图标

性,球员要有超群的技术和惊人的毅力。法国网球公开赛是在世界网坛上享有盛名的传统比赛,获得这个公开赛桂冠的球员能够像获得温网冠军一样名震世界。

法国网球公开赛始创于 1891 年,比温布尔登网球公开赛晚 14 年,法国网球公开赛开始只限于本国人参加,并在 1968 年成为第一个在公开赛时代(Open Era)进入大满贯的比赛。在过去的百年中,除了因两次世界大战被迫停赛 11 年外,其余均是每年举行一届。不少网坛巨星都在法网留下了辉煌的纪录,其中瑞典名将比约恩·博格在 1974—1981 年的 8 年中 6 次夺得男单冠军,一度让人难以望其项背。1989 年的法国网球公开赛中,17 岁的亚裔球员张德培爆出了 20 世纪 80 年代最大的冷门,他先后挫败了伦德尔及埃德博格,成为这个公开赛最年轻的单打冠军,

也是第一位亚洲血统的球员获此殊荣。女子单打选手埃弗特、纳芙拉蒂诺娃、格拉芙等当代网球明星都夺得过此项奖杯。而西班牙网球运动员由于从小就在红土场上训练、比赛，所以在红土场战绩很好。纳达尔已经在这片神奇的土地上不可思议地拿到了12座"火枪手杯"，法网被誉为纳达尔冠军的"后花园"。

3. 美国网球公开赛

美国网球公开赛（图标如图1-26所示）的首届比赛于1881年在罗得岛新港举行，当时只是美国国内赛事，而且只有男子单打，通常在8—9月举行，以后每年一届。后来为了追求更多的娱乐因素，才增加了女单、男双、女双、混双四个项目。

图1-26 美国网球公开赛图标

1968年起，美网正式被列为四大公开赛之一，是每年四大公开赛中最后举行的大赛。1915年起，美网移至纽约林山进行比赛，1970年改名为全美公开赛。美网历史上第一个男单冠军被纽波特俱乐部的卡西诺获得，当时只有在美国国家网球联合会注册的俱乐部才有资格参加美网赛。2019年，美网总奖金为5700万美元，美网男女单打冠军奖金高达385万美元。

4. 澳大利亚网球公开赛

澳大利亚网球公开赛（图标如图1-27所示）是网球四大满贯赛事之一，也是四大满贯赛事中每年最先登场的，通常于每年1月的最后两个星期在澳大利亚墨尔本举行。自从1905

图1-27 澳大利亚网球公开赛图标

年举办首届比赛以来，澳网曾先后在墨尔本、悉尼、阿德莱德、布里斯班、珀斯和新西兰等6个地方举办过。

澳大利亚网球公开赛是四大公开赛中最迟创办的赛事。由于赛地远离欧美大陆，赛事又在年初举行，时值当地盛夏，气候奇热，赛事创办之初欧美好手都不愿长途跋涉冒着酷暑去参加比赛，在创办后的很长一段时间里，公开赛的冠军均为本地人获得。在澳网一百多年的历史中，澳大利亚球员获得了1980年之前历届比赛的大部分冠军，特别是在澳大利亚网球的黄金时期，罗德·拉沃尔、罗伊·爱默生、玛格丽特·考特3人几乎包揽了所有的冠军头衔。而进入20世纪80年代后，却没有一名本地球员有幸获此殊荣。

澳大利亚网球公开赛有着其自身独特的个性，它浸润着一个民族的精神，来到墨尔本的人很快就被它那特殊的风格所感染。友善、清新、真诚、包容、兴奋，是典型的澳大利亚网球公开赛的风格。

（二）戴维斯杯网球赛（Davis Cup）

戴维斯杯网球赛（图标如图1-28所示）是每年一度的世界男子网球团体赛，也是世界网坛层次最高、影响最大的国际性团体赛，由国际网联主办，是除奥运会网球赛外历史最悠久的网球比赛。因系美国人戴维斯倡议举办，并捐赠银质奖杯授予冠军队，故名"戴维斯杯网球锦标赛"。第一届于1900年在美国波士顿举办，仅美国和英国参加，而戴维斯本人是美国队的队长兼运动员，并在当年的比赛中带领美国队以5：0战胜英国队捧走奖杯。

图1-28 戴维斯杯网球赛图标

由于参加国家的增多，1923年起，该比赛分为美洲区和欧洲区，两个区先进行分区预赛，然后再进行决赛；1981年开始，采取分为2级的升降级比赛办法。1952年，由于参赛队的增加，除原美洲区和欧洲区外，又增加了一个东方区，分3个区先进行预赛，然后产生本次冠军队，再向上届冠军队挑战。1966年，欧洲参赛队剧增，又从3个区分成4个区。1971年，通过了一项决议：取消了"挑战赛"制度，从1972年起冠军队也毫无例外地必须从第一轮开始比赛，至于决赛地点的选择则由抽签决定。赛制改为由16个最强的国家队组成世界组，世界组设立8个种子队，捉对厮杀后，前8强争夺戴维斯杯。在世界组和按地理划分的区域组之间建立了升降级制。由世界组首轮告负的8支球队和欧洲区、非洲区、美洲区、亚大区各区前2名进行预选赛，胜者进入下一年度戴维斯杯世界组的比赛，负者则下降到各区域赛。

戴维斯杯比赛采用4单1双，5场3胜制。无论哪一级的团体赛，比赛时间都是三天。第一天两场单打，第二天一场双打，第三天又是两场单打。第一和第二天为5盘3胜制，第三天为3盘2胜制。获得戴维斯杯次数最多的国家有美国、澳大利亚、英国和法国等。

近年，国际网联通过了戴维斯杯改革方案，宣布从2019年赛季起，这项拥有118年历史的顶级男子网球团体赛事将采取新赛制。新赛制下的戴维斯杯将分为预选赛和总决赛两个阶段。24支成员代表队将在每年2月两两分组，进行主客场两回合的预选赛。12支获胜队伍加上去年的4强（无须参加预选赛）和2支持外卡的球队，一共18支队伍将于每年11月进行总决赛，角逐戴维斯杯冠军的归属。

（三）联合会杯网球赛（Federation Cup）

联合会杯网球赛（图标如图1－29所示）是每年一度的世界女子网球团体赛，它是1963年为庆祝国际网联成立50周年而创办的。联合会杯网球赛是和戴维斯杯赛齐名的团体赛事，是各国网球整体实力的一次大检阅。

图1－29　联合会杯网球赛图标

第一届联合会杯比赛是在伦敦的女子俱乐部进行的，共有16支代表队参加。随着女子网球运动的不断普及，参加联合会杯赛的国家也慢慢地增加起来，参赛队伍的壮大致使1992年开始了地区预选赛。从2001年起，进入决赛的8个国家先进行分组循环赛，获小组前2名的队进入半决赛。半决赛采用交叉淘汰制，胜者争夺联合会杯。由于取消了原先对上届冠军队保留的直接进入前4名的特权，使比赛可以在更公平的环境下进行。

（四）ATP世界巡回赛1000大师赛（ATP World Tour Masters 1000）

自从国际网联改用新的排名法和调整了比赛日程后，职业网坛一片繁忙景象，同一时间各地会举办几项赛事，可谓热火朝天。可时间一长，问题也暴露出来了。由于高级别球员可能分别参加不同赛事，他们之间交锋次数自然就减少了。另外，过多的比赛和排名榜压力使得许多球员超负荷运转，伤病和弃权现象随之增加，致使比赛水平下降。而水平不高的比赛又会降低观众观赛兴趣，失去观众就意味着失去市场。基于这些原因，国际网联进行了改革，一个"超级巡回赛"诞生了。

这个计划的口号是"以少促多"，即以减少赛事来提高比赛的质量。他们将原来的 11 项最高水平赛事减少至 9 项，以其为基础组织超级巡回赛。为保证赛事质量，国际网联与排名前十的球员都签订了合同，合同规定这些球员必须准时参加以上赛事，不能在同一时间参加其他低级别的比赛。

在新世纪伊始，男子职业网球赛与以往又有所不同，它将超级九项赛和 ATP 年终总决赛改名，超级九项赛改名为大师系列赛，年终总决赛也被称为大师杯赛。大师系列赛亦同样分九个地区举行，但有小部分会有所改变，而大师杯赛亦如往年一样，由全年成绩最好的 8 位球员参加。2002 年及 2005—2008 年的大师杯赛在中国上海举行。2008 年在上海举办的网球大师杯赛是历史上最后一届网球大师杯赛，2009 年起，比赛赛制发生了巨大变化，大师系列赛的名称被改为了"ATP 世界巡回赛 1000 大师赛"（图标如图 1-30 所示），网球大师杯赛更名为"ATP 世界巡回赛总决赛"，且移师英国伦敦。

图 1-30　ATP 世界巡回赛 1000 大师赛图标

（五）WTA 年终总决赛

WTA 年终总决赛是每年一度的世界女子网球年终赛，是群英荟萃的顶级赛事。只有年终世界排名前 8 位的单打选手和前 8 位的双打配对选手能自动获得参赛资格。

首届 WTA 总决赛于 1972 年，在美国佛罗里达州的博卡拉顿举行。世界排名前 16 位的球员参加了本届网球比赛，奖金为 10 万美元，创造了当时女子赛事奖金数额的最高纪录。1986 年前，该项赛事都在 3 月举行。此后，由于 WTA 将每年赛季改为 1—11 月，因此总决赛也被改在每年的年末举行，这项赛事也就被视为女子网坛年度压轴好戏。中国深圳获得了 2019—2028 年 WTA 年终总决赛的主办权（图标如图 1-31 所示），并且 2019 年 WTA 深圳年终总决赛，其奖金总额高达 1400 万美元。

图 1-31　WTA 深圳年终总决赛图标

第二章 谋定而后动：装备选择及基础知识

第一节 网球装备的选择

"工欲善其事，必先利其器"，舒适的网球装备既能在练习的过程中起到事半功倍的效果，又能在很大程度上预防损伤的发生，延长运动寿命。网球运动所需的装备主要包括球拍、球鞋、拍弦（即"网球线"）、球、服装、手胶等。各种装备品牌繁多，且质量性能差异较大。每一种网球装备都有它的独到之处，因而没有哪个品牌绝对好于其他品牌，在网球装备的选择上应遵循"适合自己的才是最好"的原则。

一、网球拍的选择

选择网球拍时用"AMSSEFCSL"标准进行判断是国际上比较通用的做法，这一标准的每个字母分别代表以下9个方面。

A——avoirdupois（重量），球拍的轻重直接影响到挥拍时球拍的速度。太重的球拍会使球员在挥拍时动作缓慢，太轻的球拍则不易应付强力的来球，也容易翻拍。球拍拿到手上时以臂力感觉舒服为宜。力量强、球性好的男性使用的球拍一般重量不超过320克，年轻女性的球拍重量适用范围是280～300克，中老年人适用重量在300～320克之间的球拍。球拍的击球面必须是平的，由弦线上下交替编织或连接组成，其组成格式完全一致。每条弦线必须与拍框连接，特别是穿线后其中心密度不能小于其他任何区域密度。球拍的总长度（包括拍柄）不能超过29英寸（73.7厘米），总宽度不能超过12.5英寸（31.7厘米）。击球平面的总长度不能超过15.5英寸（39.4厘米），总宽度不能超过11.5英寸（29.2厘米）。

M——measure（握把尺寸）。握把尺寸就是大家常说的拍柄型号。

球拍拍柄的型号是以拍柄底部以上 5 厘米处的周长确定的，通常单位是英寸[①]。以⅛为一个标准单位，如 4⅛叫作 1 号柄，4⅜叫作 2 号柄，以此类推。选择合适的拍柄型号的方法是，自然握住拍柄，手指与手掌的空隙恰好能放入另一只手指。拍柄大小与身高无关，与手掌大小有关。跟重量一样，拍柄的大小也要以使用者自己觉得舒适为宜。

S——skin（外皮）。握把上的外皮，是球拍与人体接触的部分，也就是常说的手胶。其缠绕在球拍拍柄上，起到吸汗、防滑的作用，同时还可以根据个人手掌的大小调节拍柄粗细。但较多、较厚的吸汗带在一定程度上会影响击球时的手感。手胶一般有两种：一种是用皮革或者人造革，另一种是人们通常所说的毛巾布。毛巾布吸水能力较强，但汗水流在毛巾布上容易结块。现在很少用皮革制成的手胶，虽然其防滑效果较好，但价格比较高。一般情况下，通常会选择人造革的手胶，既能很好地防滑，价格也比较适中。手胶在使用时需要留意，时常更换是保持打球最佳状态的好办法之一。

S——sweet spot（甜区）。甜区（俗称"甜点"）是球拍击球时产生震动最小的一块区域。一般而言，大拍面的球拍甜区较大，小拍面的球拍甜区相对较小。甜区大的球拍击球时缺少速度，控制较差，适合女性、初学者及年长的球员；甜区较小的球拍球速快，打点控制好，适合中高级与年轻的球员。

E——equipoise（平衡）。同样重量的球拍重量分布也有所差别，这就产生了俗称的"平衡点"。它的中心话题就是"头重"或"头轻"的问题。有的拍头较轻，有的则较重，使用者应该拿到自己手上挥拍试一下，这也是一个"因人而异"的话题。一般而言，头重的球拍适合底线抽击球的对打，头轻的球拍适合网球截击。正、反都用双手的球员也常用头轻的球拍。

F——form（形状）。每一支球拍的拍面形状都有它独特的设计理念。一般来说，拍面的形状主要有椭圆形、蛋圆形两种。形状的不同会对平衡点及甜区产生一定的影响。椭圆形拍面的甜区处于拍面中心；蛋圆形拍面的甜区则处于拍面后中心区，距离握手处较近。

C——construct（构造）。球拍的构造不同，使球拍之间存在不同的软硬度。球拍根据构造可以分为硬性球拍（stiff racket）和软性球拍

---

① 1 英寸 = 2.54 厘米。——编者注

(flexible racket)。为加以区分，将球拍的软硬度分为 1～10 级，指数低（1～4 级）是软性球拍，指数高（6～10 级）为硬性球拍。前者控球性能较好，手感较差；后者弹性好、手感佳，但控球性能稍弱。硬度指数越高，表明球拍能提供更好的稳定性和更多的力量。但要注意的是，使用过高的指数、过硬的球拍会加重患网球肘的概率与症状。

S——scales（磅数）。球拍的磅数越高，弹性越低，但是挥拍速度快的球员可获得较好的控球效果；球拍的磅数低会产生弹簧床作用而使反弹力增加，相对的控球性就会减低。一般球拍的建议穿线磅数在 55～60 磅（1 磅≈0.4536 千克）力之间，磅数越低，拍弦的弹性越好，相应控球就较差。

L——linear（拍弦）。拍弦的材料、质地基本上分为两大类。一种是价格昂贵，弹性和柔韧性极佳的天然肠弦。天然肠弦一般由猪、牛、羊等动物的小肠做成，因为最早的网球拍弦常用羊的小肠做成，故又称为"羊肠弦"。另一种是较为便宜的人造复合线，人造复合线由不同的纤维丝结构组成，一般称为"尼龙弦"。随着拍弦厂商的不断努力研制，现在的人造复合线性能比以前的"尼龙弦"更加接近于"羊肠弦"，所以又称为"仿羊肠弦"。

当今大多数职业球员都选择天然肠弦。天然肠弦不但击球感觉好，拉力不容易下降，而且拍弦的弹性很好，即使穿线的拉力很大，击球时对手的震动也很小；它的不足之处是价格昂贵、耐磨性差、怕热、容易受潮变质。由于人造复合弦价格较低，大多数网球爱好者都会选用它。随着科技的进步，人造复合弦的制造工艺越来越精良，并且种类繁多，可供不同技术风格的爱好者选择。其优点是不易受潮、使用寿命较长；缺点是击球感较差、弹性较弱、伸缩性不太好，不宜在寒冷的天气使用。

通常情况下，我们购买的拍弦上都有厂商的品牌和一些数字，这些数字表示的就是拍弦的型号，是指拍弦横截面的直径，表示拍弦粗细。目前拍弦市场上，一般有三种型号的弦：15 号、16 号、17 号。型号数字越大，拍弦越细、重量越轻。有的时候，拍弦上还有附加符号"L"，如 15L、16L、17L。例如，16L 表示这根弦比 16 号弦细，比 17 号弦粗，即介于 16 号和 17 号弦之间，也可认作是 16 号半弦。

在拍弦的性能方面，一般来说，同一种材料、同一种结构、同一种拉力时，用细弦的球感较好，但不耐用；用粗弦虽然耐磨，但击球时，球的飞行距离较短，运动员击球的感觉较迟钝。综合而言，如果喜欢打旋转球，或喜欢发球上网，或力量不够，那么选择细的拍弦比较合适；如果是底线相持型或主动发力暴击型的运动员，则建议选择较粗的拍弦。

挑选球拍时，除了考虑以上 9 个方面的因素外，还有以下 3 项指标可供参考。

（1）减震指数。表示击球时，网球拍产生震动后的消减能力，分 1～10 级。指数高（6～10 级）说明震动能迅速减弱到 0。

（2）最佳击球指数。分 1～10 级，指数越大说明球击在更大范围的拍弦上时，仍能感觉良好。

（3）扭转抗力。当球击在拍框附近时，球拍的扭转程度。指数越高，说明球拍的质量越好。

二、网球的选择

网球是以橡胶为内核，外表用统一的纺织材料包裹制成的，颜色为白色或黄色，接缝处没有缝线。球的规格是一样的，其重量大于 1.975 盎司[①]（56 克）而小于 2.095 盎司（59.4 克）。

国际网联将球分为 3 种类型：一型球，即快速球，与常用的网球大小相同，其不同在于表面由更坚硬的橡胶制成，适合红土赛场；二型球，即中速球，就是市面上常见的网球；三型球，即慢速球，在飞行过程中减速至常用球速的 90%，适用于硬地球场和草地球场。

三、鞋、服装及袜的选择

网球运动具有急起、急停、急速变向等特点，决定了网球鞋必须具备耐磨、防滑，并拥有良好的支撑和弹性等特性。选购网球鞋要考虑球鞋的尺码、柔软性、弹性以及鞋底的材质等方面因素，要以穿得舒服、不影响来回跑动为宜。同时，还要考虑球场，一般在沙式球场打球，应选购摩擦系数较高的球鞋，这种球鞋的鞋底纹路较深；在硬地球场打球，则要选购鞋底纹路较浅的球鞋。

网球服装从它诞生的那天起，就一直透射着浓郁的时代气息。在过去很长的一段时间里，白色一直被人们作为网球运动服装的标准颜色，

[①] 1 盎司≈28.35 克。——编者注

它所代表的纯洁、高雅为网球运动树立了良好的形象。到了近代，网球运动员的白色长裤变成了短裤，女运动员的裙子也逐渐演变成了今天的网球短裙。今日的男子网球服装，图案美观、协调，突出了个性特征；女子网球短裙则得体，集妩媚与运动为一身。现代网球比赛中，其商业化特征虽日益明显，但国际网联对正规比赛服装上的广告数量和尺寸大小都有明确的规定。服装以大方、舒适为宜，而球袜能吸汗、舒适就行。

四、避震器等其他网球装备的选择

是否安装避震器视个人的喜好而定，规则中虽然没有规定避震器的大小，但有明确规定必须安装在球弦交叉组成的样式之外。

此外，常见的网球装备还有遮阳服、束发带、太阳眼镜和护具等，除了相应的功能外多被运动员做装饰品来利用，也是一个地道的网球运动员所需要的"行头"。精良的装备可以在一定程度上加快初学者学球的进程，因此，建议初学者在条件允许的情况下，应该使用相对较好的产品。

第二节　网球运动礼仪

网球运动之所以被称为"绅士"运动，与从事这项运动的球员、观众及工作人员的高素质是密不可分的。进入网球场进行网球运动或观看比赛均需遵循的基本原则是"尊重球场上的一切人与物"。

一、日常练球礼仪

（1）到网球场准备打球时，需要对球场的环境进行简单的检查，防止因设施因素造成人员受伤。如果和女士打球，应该把背对太阳的一端球场让给她，以示对女士的尊重。

（2）在练球的过程中，如果球不慎滚入邻场时，不要急于捡球，此时应耐心等待邻场人员击球结束，并征得对方同意后方可进入邻场捡球。若贸然入场捡球不仅会干扰邻场人员，还可能会遭遇"飞来横祸"。如果别人帮你捡了球，不要忘记说一声"谢谢"。

（3）当准备发球时，应先看看对方是否已做好接球准备，最好将球举起来示意一下。不要突然发球,这也是对对方的不尊重。

(4) 不要从球网上面跨过,也不要触压球网。因为这些行为都可能损坏球场设施并给自己带来意外伤害。

(5) 双方练球时,当对方回球靠近底线或边线时,应主动告诉对方这个来球是"in"(界内)还是"out"(界外)。

(6) 当击球出界或下网时,应该向对方说声"sorry"(对不起)。尽管不是有意如此,但这样做会显得更加绅士。

(7) 当所持的球已经打完,准备捡球时,应双手摊开告诉对方已经没有球了。不应该没有任何眼神或动作交流就自顾自地去捡球,因为这个时候对方可能手中还有球可用。

二、参加比赛礼仪

(1) 作为运动员参加网球比赛时,在赛前热身过程中有义务为对方提供一切尽可能帮助。也许水平达不到,但在主观意愿上要为对方做好陪练。任何有意妨碍对方练习的做法都是有失风度的。

(2) 球场上不要摔拍发泄情绪,即使技不如人也不要拿球拍出气。

(3) 网球场上应该听从裁判的判决。如果是信任制的比赛,对方半场球界内外的事实问题,应毫无保留的告知对方;如果不能确信球已经出界,就应该作出有利于对方的判罚。

(4) 如果打出一记幸运球,应立即向对方说声"sorry"或举拍示意。

(5) 正式比赛的时候,应该采取上手发球的姿势。下手发球虽然不被禁止,但会被认为是对对方的不尊重,除非你上手发球技术不够好。

(6) 当对方打出一记漂亮的得分球,应该为其精彩的表现鼓掌。一般轻拍球拍以示对对方击出好球的赞美。

(7) 比赛结束时,可以将比赛用球抛给观众,但不要将球拍扔上看台,极易误伤观众。

(8) 比赛结束的时候,无论胜负都应该主动和裁判及对手握手。

三、观看比赛礼仪

(1) 凭票按时入场,对号入座,避免迟到,比赛进行中不得随意走动或退场。如果观看网球比赛时迟到,应该在运动员休息的时候进场,以免影响运动员的注意力,干扰比赛进行。如果在观看比赛的时候离开观众席，也应在运动员休息的时候离开。

（2）在运动员发球的时候，不要用闪光灯拍照，更不能发出声响。

（3）观看比赛时，应避免携带能发出声音的物品或关掉其声音。从运动员开始准备发球到得分结束，观众在此过程中不要交谈、吃东西、叫好、喝彩、鼓掌。

（4）不要进出正在比赛的场地，以免影响比赛的正常进行。服从场上工作人员的安排。当主裁示意观众保持安静时，应立即停止一切举动，保持赛场安静。

（5）运动员不小心击入观众席的比赛用球，只能在该分比赛结束后扔回球场，不能私自收藏。

第三节 网球运动常见损伤的防治

参与网球运动过程中运动损伤不可避免，及早预防可以减少伤害发生的概率，及时的治疗也可以加快伤病的康复。因此，对网球运动损伤即要进行预防，也需要及时治疗，努力消除各种致伤因素，做到预防为主，辅助恢复治疗。网球运动常见的损伤主要有水泡、跟腱炎、网球肘、肌肉痉挛、膝关节损伤、肩关节损伤、踝关节损伤等。本节介绍网球运动常见损伤的预防及其治疗。

一、手掌或脚部起水泡

（1）症状及成因。手掌或足底部分起小水泡，其主要是由于皮肤的某一部分长期处于和外物摩擦的状态，导致皮下组织液溢出堆积而造成的。

（2）紧急措施。立即停止运动，为避免发炎不应立即刺破水泡。

（3）预防及治疗。防止手掌起泡，可以带上绒布腕带或在球拍柄上涂防滑粉。这样既可防止汗液流向拍柄导致握拍"打滑"现象发生，又可以延长手胶的使用寿命。对于足部预防，应穿干净、舒适的袜子和鞋，鞋的尺码要刚刚合适，不可太大或者太小。如若疼痛已经影响运动员拿拍或者跑动，在对水泡进行局部消毒后，用消过毒的针沿着水泡根基扎几个小孔，以保留皮肤的完整，然后包扎上纱布或者胶带直至痊愈。

二、跟腱炎

（1）症状及成因。抬脚时脚后跟疼痛，脚后壁肿胀；当脚部承重或者将脚向上弯曲（背屈）时疼痛会更加剧烈。跟腱负荷太重、足部韧带脆弱、扁平足、鞋子不合适、网球场地面坚硬等都是导致跟腱炎的主要成因。

（2）紧急措施。发现有跟腱炎的症状后应用冰块冷敷，并进行短暂休息。

（3）预防及治疗。在网球比赛或训练中，要充分做好热身活动和伸展运动；调整鞋子的大小；安装柔软的脚跟缓冲器，适当放松休息。尤其是先天性足弱者，一定要选择合适的鞋子。患病后，可用冰块冷敷并使用抗炎药物。严重者在非手术性治疗不起作用时，应考虑手术治疗。

三、网球肘

（1）症状及成因。肘部疼痛，严重者进而转化为整个手臂疼。网球肘的发作可以是突发的，也可能是逐渐发展的，其病情的发生具有不可预见性。网球肘的疼痛点主要在桡侧腕短伸肌和示指（即食指）伸肌处，也就是肱骨外上髁受伤。其成因多是突然过分伸展肘关节，使肘关节肌肉附着处发生损伤；运动量过大而引起劳损；反手击球动作不正确；球拍过重，造成前臂肌肉紧张过度；肘关节出现无菌性炎症等。

（2）紧急措施。停止练习，用冰块冷敷，加压包扎和抬升关节以缓解疼痛，进行必要的休息。

（3）预防及治疗。平常加强臂力练习，纠正错误动作，检查球拍的重量。损伤发生后，要采取超声、穿刺等手段进行治疗。如果用这些方法经过一两个月的治疗后都无效，则要采取电击疗法，并视其严重程度考虑外科手术。

四、肌肉痉挛

（1）症状及成因。痉挛部位的肌肉突然伴有疼痛和无法控制的僵硬感。通常因体力不支、天气太冷而引起的肌肉僵直，或因天气太热、出汗过多而使盐分损失过多所致。

（2）紧急措施。立即停止运动，拉伸痉挛处肌肉，直至症状消失。

（3）预防及治疗。如打球时间过长，应多饮用一些含有盐分的水、饮料等。

五、膝关节损伤

（1）症状及成因。膝关节损伤可能是半月板撕裂、关节退行性病变、软骨损伤、剥脱性骨软骨炎及游离体等原因所致。其表现为紧张剧烈运动或负荷过重时疼痛，并伴有水肿。主要成因是软组织退化，关节面软骨老化，关节软骨由于血液供应受阻而出现剥脱性骨软骨炎及游离体等。

（2）紧急措施。立即停止运动，冷敷，消炎，使用绷带加压法紧固关节。

（3）预防及治疗。网球运动中的大多数膝部损伤，是因膝部运动过度造成的。通过健全网球运动装备、进行充分热身运动、加强关节处肌肉力量练习、纠正技术动作、加强膝关节的保护等可以有效预防膝部受损。膝部受损后，采取休息、消炎、加强肌肉力量练习等措施可以逐渐恢复，但由于膝关节构造的复杂性以及膝关节使用的高频率性等特点，如果受损较为严重，就需要到医院进行详细检查和专业治疗。

六、肩关节损伤

（1）症状及成因。常见的肩关节损伤主要是"肩袖损伤"，此时，肩关节在发球、击球、高压球等技术动作时均会出现疼痛，疼痛的部位可能位于肩前侧、肩外侧或肩后侧，并可能伴有关节内"喀喇喀喇"的声响。造成损伤的原因是肱骨外旋的猛烈拉伤，更常见的是因为年龄引起的肩袖退变。

(2)紧急措施。停止运动或比赛,短时间内固定肩关节。

(3)预防及治疗。平时加强肩部肌肉的训练,充分做好赛前准备活动,改进击球动作等可以预防损伤。出现损伤后,功能正常的可采用保守治疗,受伤比较严重的则需要进行复杂的处理方法。其核心首先是减轻疼痛,然后才是加强肌肉力量。如果长时间无法恢复应采取手术治疗。

七、踝关节损伤

(1)症状及成因。急性踝关节外侧韧带扭伤、软骨骨折、脚踝骨折、胫后肌腱撕裂等,都属于急性踝关节损伤。表现为踝关节剧烈疼痛,并伴有肿胀现象。主要是运动中剧烈变向、鞋子不合适、网球场上表面起伏不平、忽然踩到异物或运动中突然发力过猛所致。

(2)紧急措施。冷敷,用医疗绷带加压包扎。

(3)预防及治疗。应选择适合网球运动的专业鞋子,加强肌肉练习,运动时带护踝以加强对踝部的保护。如果发生的是扭伤,需要根据情况决定治疗手段。轻度或中度损伤不需要手术,伤后 24 小时内用冷敷,48 小时后根据受伤程度,决定是否采用热敷、消炎、按摩等方法治疗,直至痊愈。如果是重度扭伤或者骨折,则需要到医院接受治疗和专业指导。

第四节 网球场地规格类型及其特点

一、网球场地规格类型

(一)网球场地规格

一片标准网球场地的占地面积不小于 670 平方米(长 36.6 米×宽 18.3 米),该尺寸也是一片标准网球场地四周围挡网或室内建筑内墙面的净尺寸。在这个面积内,有效双打场地的标准尺寸是 23.77 米(长)×10.97 米(宽),有效单打场地的标准尺寸是 23.77 米(长)× 8.23(宽),在每条底线后应留有余地不小于 6.4 米,在每条边线外应留有余地不小于3.66米。在球场安装网柱，两柱中心测量，柱间距是12.8米，网柱顶端距地面是1.07米。

(二) 网球场地类型

网球场的类型多种多样，其最主要的差别体现在球场表层。这些不同类型的球场表层直接决定了球场的性能，进而直接影响球员的移动和球落地后的弹跳，从而间接影响其技术水准的发挥。

天然草地球场是最早的户外网球场地，其对草的特质、规格要求极高。但受天气情况限制和维护费用高昂等因素的影响，天然草地球场很难得到大面积的推广。于是，土场便应运而生。这种场地最早使用沙土做成，造价低廉、跑动舒适，但排水不便。在20世纪初，欧洲人发明了快干场地，即在场地表面铺上一层碎砖末或火山灰等物，这样水较容易下渗，地表干燥的速度快了很多。美国人则发明了绿土场，即把天然的绿石块粉碎铺在场地表面，而不使用砖末。这两种场地就是所谓的"土场"。在降雨多或渗水条件不好的地区，可以通过修建地下排水系统解决排水问题；在干燥地区，则相应地修建地下灌溉系统。之后又出现了混凝土场地、沥青场地和木制场地，随着合成材料的发展，塑胶场地、地毯场地和人造草场地相继进入人们视野。不同场地具有不同特点，不同赛事也会选择不同类型的场地。

在对场地类型的划分上，ITF引入了场地速率评级（court pace rating，CPR）的概念。场地速率评级是表示网球和场地相互作用的一种测试方法，包括阻力测试和垂直恢复两个方面，前者表示球击地后速度水平方向分量的减少，后者表示球连续弹跳的时间间隔。ITF根据网球在球场表面的反弹速度将网球场地分为5种类型（表2-1）。

表2-1 网球场地类型　　　　　　单位：米/秒

CPR类别	网球场地类型	网球反弹速度
1	慢速	≤29
2	中慢速	30～34
3	中速	35～39
4	中等偏快	40～44
5	快速	≥45

在国家 2018 年行业标准中，我国根据网球场地表面使用材质的不同，在性能标准上将网球场划分为 3 种类型。

1. 丙烯酸网球场

丙烯酸网球场是在沥青混凝土或钢筋混凝土为基底的地面上，利用刮板现场浇铺丙烯酸的新型工艺做成，其主要分为找平结合层、加强层、耐磨层等多层做法，还有含胶粒的多层做法。这种质地的网球场，近年来已开始在世界各地被普遍采用，是一种既可供娱乐打球，也可用作正规比赛的高档次网球场地。如美国网球公开赛、澳大利亚网球公开赛、中国网球公开赛等所使用的网球场，都属于丙烯酸网球场。

2. 天然草网球场

天然草网球场地的表面是一层疏密均匀、长短一致的草皮，球落在上面，反弹的速度、高度都适中。因此，人们把它视为中速场地，较适合于混合型打法的球员。由于这种场地造价昂贵，又需要专人养护管理，花费往往很高，如今天然草网球场的使用已日趋减少。但著名的温布尔登世界网球公开赛，仍保留着传统特色且使用这种天然草地球场。

3. 红土网球场

红土网球场是表层用黄土或沙土铺平碾压而成的场地。这种场地与天然草网球场相比，其在建造与维修方面都较方便和经济，地面软硬亦适度，但需经常养护。法国网球公开赛所使用的场地就是典型的红土网球场。

二、不同类型网球场地的特点

丙烯酸网球场统指"硬地球场"，一般由水泥和沥青铺垫而成，其上涂有红、绿色丙烯酸面层。现代大部分的比赛都是在硬地网球场上进行的，是最普通和最常见的一种场地。其表面平整、硬度高，使用寿命长，便于管理和维修。尽管在这种网球场上的球速稍快，但较之其他类型球场，其最大的优点是球的弹跳平稳，球员在场上跑动舒适。因此，丙烯酸网球场受到建造商和球员的青睐。

天然草网球场的特点是球落地时与地面的摩擦小，球的反弹速度快，对球员的反应、灵敏、奔跑速度、奔跑技巧等要求非常高。但由于草地球场对草的特质、规格要求极高，加之气候的限制以及保养与维护费用昂贵，很难被推广到世界各地。

红土网球场又被称为"软性球场"。常见的沙地、泥地网球场可称为软性场地。此种场地特点是球落地时与地面有较大的摩擦、球速较慢，球员在跑动过程中，特别是在急停急回时，会有很大的滑动余地，这就要求球员必须具备比在其他场地上更出色的体能、奔跑和移动的能力，以及更顽强的意志品质。

第五节　握拍方式及其特点

一、基础知识

（一）握拍方式的重要性

在所有的网球技术中，最基本的是握拍方式。握拍方式与击球动作关系密切，不同的握拍方式在击球时具有不同的挥拍轨迹，在球拍触球时也有不同的拍面角度。因此，不同的握拍方式产生了不同的击球效应和打法。

正如俗语所说：球拍是击球者手臂的延伸和手掌的扩大，而因为每个击球动作都是由手臂、手腕、手指相互配合用力来完成的，所以握拍方式的选择对技术的提高和全面发展产生较大的影响。无论采用哪种握拍方式都应该做到：手掌边缘与拍柄的底部齐平，掌心和手指与拍柄紧密地贴合在一起；拇指环扣拍柄贴压于中指之上，以免在击球时球拍脱手；食指与中指分开并自然与拍柄靠在一起。舒适的握拍方式会让人感到球拍就是手臂的延伸和手掌的扩大，并且能够保证击球的效果和质量。本节将介绍大陆式、东方式、半西方式、西方式、东方式反手、双手反手握拍。就握拍方式而言，没有最好的方式，只有最合适的方式，这取决于击球动作结构的需要。

（二）拍柄定位及握拍术语

1. 拍柄定位

从球拍拍柄的底部看，球拍可分成上、下平面，左、右侧面及4个斜面，也可以分别从上平面至左侧斜面用数字1～8代替（图2-1a），相对应的边如图2-1b所示。

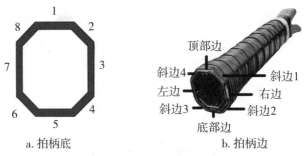

a. 拍柄底　　　　b. 拍柄边

图 2-1　网球拍拍柄示意

2. 握拍术语

握拍术语是对握拍手的"虎口"所形成的 V 形而言。但每个人的手不可能完全相同，单凭 V 形不一定可靠，所以必须从以下 3 点进行检查。（图 2-2）

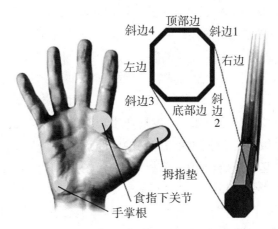

图 2-2　握拍手掌位置示意

（1）手掌根：小鱼际所在的部位。

（2）食指下关节：也称食指根部关节，指食指掌指关节腹面所在部位。

（3）拇指垫：拇指指尖关节腹面所在部位。

二、不同握拍方式①及其特点

(一) 大陆式握拍

大陆式握拍法把食指下关节紧贴在拍柄的右上斜面(如图2-1a所示2号面),食指和大拇指前伸自然环扣拍柄,食指与中指分开。大陆式握拍法类似于人们手握钉锤击打钉子,所以也常常被人们形象地称为"钉锤式"握拍法。(图2-3)

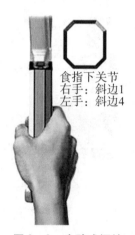

图2-3 大陆式握拍

1. 优势

该握拍法不需变换握拍位置,因此具有简便灵活的特点。适用于处理低球,对上网截击也很有利。常用来发球、截击球、高压球、削球等。同时,它还适合在防守时击打已到达身体侧面、击球点较晚的来球。

2. 劣势

此种握拍法对于腰部以上的来球,不易控制拍面的角度,故击打较高来球比较困难,同时也较难打出强有力的上旋球。

---

① 除特殊说明之外,本书的网球相关动作均指右手为惯用手的动作方式。——编者注

（二）东方式握拍

东方式握拍时，食指的下关节紧贴右侧和拍面平行的面（如图2-1a所示3号面）；食指和中指分开，形成"扣扳机"的姿势；中指及余下两指自然环扣拍柄；拇指垫自然弯曲，缠绕拍柄，手臂和手腕自然松弛。东方式握拍法类似于与人握手，因此也常被称为"握手式"握拍法。（图2-4）

图2-4　东方式握拍

1. 优势

东方式握拍法被称为"万能"握拍法。采用这种握拍法，拍面可以通过摩擦球的后部击出上旋球，也可以打出力量很大和穿透性很强的平击球。同时，东方式握拍法可以很容易转换为其他握拍方式，因此，对于那些喜欢上网的球员，东方式握拍法是不错的选择。

2. 劣势

与大陆式握拍法相比，尽管东方式握拍法的击球点在身体前部更高、更远的地方，但它仍不适用于打高球。并且，虽然东方式握拍法击出的球比较有力量，穿透性很强，但多是平击球，这就导致其稳定性略差，难以适应多回合的打法。因此，东方式握拍法不适用于希望打出更多上旋球的球员。

（三）半西方式握拍

半西方式握拍是介于东方式和西方式之间的一种握拍方法。握拍时，食指下关节紧贴右下斜面（如图 2-1a 所示 4 号面），食指和中指略微分开，其余的手指自然握拍。（图 2-5）

图 2-5　半西方式握拍

1. 优势

相对于东方式握拍法，这种握拍法既可以让球员打出更多的上旋球，使球更容易过网，又能较好地控制击球线路。因此，它很适合打上旋高球和小角度的回击球，而且这种握拍法还可以打出更深远的平击球。另外，它还适合大幅度地引拍，强烈的上旋有助于把球打在场内。因而，这种握拍法在身体前部的击球点比东方式握拍法更高、更远，也更有利于控制高球。

2. 劣势

回击低球比较困难，而且需要以更快的挥拍动作给球增加必要的旋转，否则，击出的球就缺乏速度和深度。

(四) 西方式握拍

这是一种较"极端"的握拍方式。握拍时,食指下关节紧贴球拍下平面(如图2-1a所示5号面),握拍手的手心基本上是对准正上方(图2-6)。这是一种进阶的握拍方式,只有那些更强壮、更有技巧的球手会选择使用它。这种握拍的球员通常不仅需要长距离快速挥拍,而且更适于站在底线。

食指下关节
右手:底部
左手:底部

图2-6 西方式握拍

1. 优势

像半西方式握拍一样,这是红土场球员常见的握拍方式。由于能在更高的点使球拍向下关闭,使得击球点更高,离身体也更远,因此,这种握拍方式更容易处理高球和击出上旋回球。在网球场上,一些最强力的反手球员都选择使用这种握拍方式。

2. 劣势

其局限类似于半西方式正手握拍,不适合处理低球,而且由于其较为极端的握拍方式,转换到网前截击适用的大陆式握拍也不够顺畅。

（五）东方式反手握拍

将食指下关节贴在拍柄上平面（如图2-1a所示1号面），手掌根部和食指下关节呈一条直线，紧贴拍柄1号面；食指稍离开中指，大拇指与中指相贴，形成东方式反手握拍。（图2-7）

图2-7 东方式反手握拍

1. **优势**

同东方式正手握拍一样，该握拍方式可以给手腕提供良好的稳定性，使击出的球略带旋转，或大力击出很有穿透力的球。而且，采用这种握拍法只要微微调整就可以回到东方式正手握拍，使运动员可以轻松转换握拍方式以进行削球或网前截击。

2. **劣势**

尽管这种握拍法能很好地处理低球，但它不适合打高于肩部的上旋球。在多数情况下，运动员只能采用防守式的削球将球回击至对方场内。

（六）双手反手握拍

以食指下关节和手掌根为定位点，左手的食指下关节和手掌根呈一条直线握住拍柄的左平面（如图2-1a所示7号面）；右手的食指下关节和手掌根呈一条直线握住拍柄的右上斜面（如图2-1a所示2号面），右手手掌根部与拍底平行；左手置于右手上方，双手除拇指环扣外，其余4根手指并拢一把抓住拍柄。即右手采用大陆式握拍、左手采用东方式握拍。（图2-8）

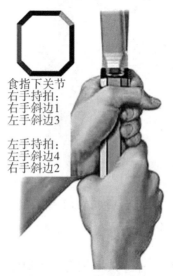

图2-8 双手反手握拍

1. 优势

适用于单手力量不足或双手具有良好协调性的运动员。比起单手反手击球，双手反手击球借助了肩部的转动和小幅度的挥拍来发力，因此，双手反手击球时隐蔽性比较强，且在回球时力量很足，处理击球点较低的来球较为容易。

2. 劣势

双手握拍限制了运动员手臂的覆盖范围，这要求运动员具备更加出色的运动能力。此外，网前截击时双手反手握拍不易控制拍面，因而回击直线截击较为困难。因此，它不适合移动较慢的运动员使用。

第六节 网球运动的移动及击球步法

一、网球运动常用移动方法

（一）分腿垫步

分腿垫步是指运动员的双脚平行于身体同时落地，通常当对方开始挥拍击球时做这个动作。分腿垫步主要的动作是"跳"，双膝弯曲、背部保持挺直，双腿发力前脚掌蹬地，后脚跟提起离开地面。分腿垫步的目的是帮助身体快速进入启动状态，有利于迅速判断来球方向、速度等。这是一个有利于对来球做出快速反应的准备动作。

（二）交叉步

交叉步在实际运用时分为两种类型。一种是当一次击球后暂时不能判断到对方回球方向，需要向场地中间移动时，保持上身与球网平行，面对球网，两腿呈交叉状向侧面跨步，身体重心保持在两腿间。如果向右侧移动，应先跨左腿在右腿前；反之同理。另一种是当完成一次击球后，能迅速判断到对方回球方向，并需要大范围移动时，迅速侧身向来球方向采用交叉步奔跑过去。交叉步是网球运动中运用最为频繁的移动方式。

（三）滑步

面对球网，将外侧的腿向所要移动的方向滑动称为滑步。内侧腿向其移动时，两腿在空中并步（根据回位的速度，也可不并步），然后进入准备击球状态。滑步是底线技术中的主要步法之一，多用于正、反手击球时的横向折返移动中。

（四）冲刺步

当对方回球较浅或有意放小球时，为了能快速移动追赶来球，运动员必须用类似于短跑的方式进行快速的冲刺跑，这时的步法称为冲刺步。冲刺跑的开始阶段，要摆动双臂急速跑动，当来球接近时，侧身引拍完成击球。

（五）小碎步

当身体快速移动到来球方向时，身体重心容易产生不稳，因此在站稳击球前，双脚快速地进行小碎步的调整，以缓冲因加速带来的身体重心不稳定，帮助球员处于最佳的击球位置，有利于击出高质量的回球，同时也有利于快速回位。

二、网球运动击球步法

网球击球步法有开放式、半开放式、正常式和关闭式（图2-9）。一般把前两种统称为开放式，后两种统称为关闭式。

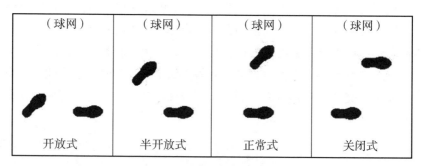

图2-9　网球的不同击球步法

（一）开放式步法

双脚与肩同宽，与球网平行站立（类似于乒乓球的开放式站位）。此种步法适用于大幅度横向、侧向折返移动或者滑步击球时。采用开放式步法抽击球时，正手击球向右跨出右脚，反手击球向左跨出左脚。在底线左右来回击球，为节省时间和缩短移动距离，通常频繁使用开放式步法。

（二）半开放式步法

双脚与肩同宽，与球网平行站立。击球时，正手球左脚稍靠前站立，反手球右脚稍靠前站位。因此种步法较为灵活，对身体重心向前转移和腿部借力等能力要求更高，故半开放式步法适用于技术较为娴熟的高水平运动员。运动员在使用开放式步法时，基本情况是移动到位比较早，并对该次击球的效果有较高的要求。

（三）正常式步法

双脚与肩同宽，与球网平行站立。击球时，正手击球左脚向右脚正前方迈出，反手击球右脚向左脚正前方迈出。因此种步法站立较稳，身体重心向前转移明显，故向前跑动击球时或者准备击打大力的平击球时适宜采用；而当对方的来球属于弹跳较高的上旋球时，采用正常式步法则略感困难。

（四）关闭式步法

正手抽击球时，左脚向右斜前方上步，左脚尖斜对右网柱，双脚与肩同宽；反手抽击球时，右脚向左斜前方上步，右脚尖斜对左网柱，双脚与肩同宽。初学者由于动作不够熟练，在采用其他步法击球时容易出现身体重心不稳定，而采用关闭式步法时，可使身体重心较易稳定，便于感受由地面传递到腿部的力量，从而容易击出高质量的球。但采用关闭式步法击球后，要注意前后腿的步法调整，以便能迅速进入下一次击球的准备状态。关闭式步法在需要向前移动的击球中的使用亦较为频繁。

第七节　网球击球技术基本环节

网球运动是一种非常具有节奏感的周期型运动，每一次击球都基本由判断、移动、击球、回位四个环节组成，周而复始。每一个环节都有其需要完成的任务和要达到的目的。

一、判断

判断对方击球的意图、线路、落点、旋转、速度等是完成一次高质量回击球的前提条件。通常情况下，应根据自身回球的速度、落点、旋转，对方的站位方式，自身所处球场位置等因素对对方的回击球线路做出基本的预判。当对方击球瞬间通过分腿垫步将身体提前启动，球离开对方球拍时，应能够判断来球的方向。

一般情况下，球的过网高度较高且速度较快时，该球的落点普遍会落在中后场，此时接球方应提前向后方移动；球的过网高度较低平且速度较慢时，该球的落点普遍会落在前场，此时接球方应提前向前场区域移动；当球的过网高度较高但速度较慢时，接球方可以待在底线位置随时观察落点变化准备击球；当球的过网高度虽然低平但速度较快时，接球方则应降低身体重心随时准备上前移动击球。

二、移动

快速移动是完成高质量回击球的第二步。快速移动可以帮助运动员争取更多的时间进行击球前的准备。根据判断来球的方向与速度，选择滑步、交叉步等步法进行跑动，以便快速移动到最佳击球位置、打出高质量的回球。多数情况下，运动员都应该是边移动边判断球的精准落点与速度、旋转等，移动的同时还需要完成引拍动作，以利于后期击球动作的及时进行。

三、击球

在准确判断和快速移动到位后，就进入了击球阶段。此时，选择击球时机尤为重要。根据球的运行轨迹，击球时机可以划分为飞行期、落地上升期、高点期和下降期四个阶段。根据击球时球的高度与人体躯干的关系，可以划分为低、中、高三个击球点：膝盖以下为低点球，腰部到膝盖之间的高度为中点球（这个位置的球点为最佳击球点），胸部或肩部以上的高度为高点球。

同时，运动员还应根据不同高度的击球点使用不同的技术回球。在底线技术中接低位球时，小臂应强力旋内，将球提拉起来；高点位时，应将拍头高于来球，由后向前进行挥拍，而不是从上往下将球下压击打；而在最佳点击球时，常规挥拍即可。总体而言，为缩短回球时间，增加击球效果，底线抽击球时应尽量选择击打落地球上升期腰部高度；截击技术中，力争在飞行阶段高点击球，这是因为截击站位在中前场，球点较高有利于截击回球的角度，同时无须担心回球挂网；而发球和高压球的最佳击球点应在头部以上，以持拍手直臂上举所能达到的最高点为最佳，这两项技术对运动员的空间感要求较高。

四、回位

击球结束后，在底线相持阶段应快速回到底线的中点位置，如果是相持后准备上网，则应快速到达下一次对方回球线路的中间位置；如果是中前场的截击或高压球，则在回球后，应快速向对方可能的击球路线上移动，以求能在最短的时间内将对方的球回击过去，缩短对方的反应和回球时间。

回位不仅仅是指回到最大范围覆盖球场的位置，也指快速移动卡住对方回球线路的最佳位置，其目的都是为了有利于本方的下一次回击球。

第三章　克敌制胜之利器：
正、反手抽击球

抽击球是网球技术中最基本的击球方法。按照抽击球时球与身体的关系，可分为正手抽击球、反手抽击球；从击球时握拍手数量上，可分为单手抽击球和双手抽击球；从球的旋转性能上，可分为上旋球、下旋球、平击球等。

第一节　正手抽击球技术

一、正手抽击球基本技术

（一）正手抽击球的作用与意义

正手抽击球是网球运动中最重要的击球方法之一，也是整个网球技术中进攻技术的重要组成部分。球场上，正手抽击球的使用频率远高于反手抽击球，并且运动员正手抽击球时动作深长、舒展，便于发力和控制落点。球质重、旋转强、落点刁的正手抽击球，可以使运动员在场上占据有利位置、持续给对方施加压力，是网球运动的主要得分手段之一。

（二）动作要领

1. 握拍

正手抽击球握拍既可以是东方式、西方式、半西方式，也可以是大陆式。

东方式握拍可通过摩擦球的后部击打出上旋球，也可以打出速度快、穿透性强的平击球；西方式、半西方式握拍，不仅可以增加球的旋转度，使球更容易过网，而且能较好地控制击球线路；初学者可以使用大陆式握拍，但由于该动作无法击出穿透力强的上旋球，因此不适用于较高水平的运动员，在现代网球技术的演变过程中也日渐淘汰。

关键点：

- 采用东方式、西方式或半西方式握拍；
- 双手轻持球拍拍柄、持拍手臂保持松弛；
- 球拍拍头高于拍柄，置于身体中间；
- 双臂肘关节自然置于身体两侧。

2. 准备姿势

准备击球时，面对球网，双脚开立略宽于肩，双膝微屈；上身微微前倾，身体重心落在前脚掌上；右手轻握拍柄，左手轻托拍颈，双肘微屈，双手自然置于体前；拍面略微倾斜放于身前，拍头向前上方；双眼平视前方，集中注意力准备迎击来球。（图3-1）

图3-1　正手抽击球准备姿势

关键点：

- 身体正对球场，右手轻握拍柄，左手轻托拍颈；
- 双膝微屈，上身稍前倾；
- 双脚开立略宽于肩部，身体重心落在前脚掌上；
- 放松身体，紧盯来球。

3. 后摆引拍

在对方击球瞬间，分腿垫步。当判断来球需正手回击时，启动脚迈出时转体转髋，在肩的带动下左手轻托拍颈，右手随着转体做弧形后摆引拍。双脚分开呈侧站位，手臂和肩部肌肉放松。拍面略向下关闭，左手体前微屈，手肘连线指向来球。（图3-2）

图3-2 正手抽击球后摆引拍

关键点：

- 转体转髋，向后引拍；
- 转肩、胯，使上身侧对击球方向，左肩朝前；
- 双脚呈侧站位；
- 球拍拍头高于拍柄，指向侧后方。

4. 挥拍击球

从后摆引拍进而向前挥拍击球时，借助蹬地转体的力量，利用离心力大力摆动身体向前迎击来球，拍头从外侧向内侧加速，争取在球的上升期击打来球。击球瞬间，紧握球拍，手腕后伸、固定，肘关节微屈，击球点根据击球步法不同而不同。使用关闭式步法击球时，击球点位于左脚尖的侧前方；使用开放式步法击球时，击球点位于右脚的侧前方。（图3-3）

关键点：

- 挥拍击球时，右脚蹬地，转髋顶肩向前挥击；
- 左脚向前迈出，身体重心从后向前转移；

- 触球瞬间，球拍由后下向前上方挥动；
- 击球点在身体侧前方，腰部高度；
- 拍面在撞击球瞬间基本与地面垂直。

图 3-3　正手抽击球挥拍击球

5. 随挥

球拍触球后，球拍沿球飞行的方向，向前、向左上方送出，做雨刮式挥动。挥拍动作于左肩上方结束，左手于左肩上方托住拍颈，身体重心移至左脚，右脚随着蹬地动作而抬起脚后跟，身体转向球网（图3-4）。随挥跟进结束，立即恢复至准备姿势，准备迎击下一个来球。

图 3-4　正手抽击球随挥

关键点：
- 球拍从右前方向左后方做雨刮式挥动；
- 屈肘、收臂，肘关节结束于肩的高度；
- 右脚鞋底对向后挡网，保持好身体平衡。

二、正手抽击球的种类

（一）上旋球

球拍从后下向前上充分摩擦球体，使球产生向前上方的强烈旋转，故称之为上旋球。上旋球的最大优点是便于加力控制，过网后，球将急剧下降，而且落地后反弹高、前冲力较大。因此，上旋球不易出现失误且能保持较强的攻击性。

动作要点：

（1）宜采用半西方式或西方式握拍法、开放式步法，依靠转体引拍，肘关节弯曲，手腕翻转，使手背与前臂形成一定的角度。

（2）击球时，球拍由后下方向前上方挥出，击打球的中部或中部偏上的位置。

（3）击球后，柔和地使用手腕使球拍做雨刮式收拍动作，把球拍挥至身体侧方，手臂靠近身体躯干部分。

（二）下旋球

下旋球俗称"削球"，它是由后上方向前下方挥拍，击打球体后中下部使之产生向下的旋转。下旋球的飞行路线是向下的弧线，过网较低，但可以打对方的深区（后场），且落点容易控制。下旋球常用于回接对方大力发球或随击上网，可以协调、连贯地把随击与上网结合起来，利用球的飞行时间长、落点深且准的特性，快速冲至网前截击；也可以作为变换旋转和节奏的打法扰乱对方，以取得主动权。

动作要点：

（1）准备打下旋球时，转体引拍，后摆动作较小，类似于网前正手截击动作的引拍。左肩对向球网，身体重心落在右脚上，拍头高于击球点，锁紧手腕，左脚向右前方跨出的同时，左手体前屈肘，以保持身体的平衡。

（2）击球时，由后上方向前下方挥拍，击球点在右侧前方，击打球的后中下部，身体重心移至前脚。

（3）击球后，拍头应随球挥至身体左侧，完成挥拍击球动作后，身体恢复到准备姿势。

（三）平击球

相较于其他抽球种类，在打平击球时，球拍向前挥击线路更加平直，雨刮动作成分更少，击打在球体的后中部而使球的飞行速度快，飞行路线平直，落地后弹跳低、前冲力量大，故之称为"平击球"。虽然平击球的球速快、进攻性强，但准确性相对较差。尤其在快速奔跑中用平击球的打法时，很难控制球的准确性，较易造成失误或球出界。

动作要点：

（1）引拍时，左手屈肘指向来球，保持身体平衡；髋部扭转带动引拍，动作放松以利于加速挥拍；手腕控制好拍面。

（2）击球时，充分利用腿的蹬地力量和髋部的回转产生的离心力；身体重心保持平稳，快速挥动手臂；固定手腕集中力量击打球的中部或者中上部位置。

（3）击球后，更多地向前平行挥动球拍，减少雨刮式动作成分，控制好球的过网高度。

三、常见错误及纠正方法

（1）不能用球拍"甜区"击打来球。

产生原因：对球的空间位置判断不准确，未能较好把握击球时机，人与球之间的距离控制不精准。

纠正方法：将球抛向空中双手接球；让球从高处自由落体，在球落地反弹到腰部高度时，手臂做类似于击球动作，单手将球抓住；用棒球棒击打自由落体的网球，以提高击球的准确度。

（2）后摆引拍的动作幅度太大，导致击球点靠后，使得击球质量不高。

产生原因：引拍时，缺少非持拍手的辅助而单手引拍；向后引拍时，未做到转体引拍，而仅仅是引拍但未转体；持拍手引拍时，大小手臂习惯性地伸直。

纠正方法：非持拍手轻托拍颈，双手同时向右后方而完成引拍，在向前击球瞬间左手才松开；站立于后挡网附近，距离后挡网20厘米左右，完成向后转体引拍练习；练习者引好球拍后，用非持拍手向前抓住从前方抛来的球。

（3）击球时，球已经处于下降阶段的中后期，导致击球费劲且无法借助对方球速将球打深。

产生原因：准备击球时，运动员远离底线，致使不能在球落地的上升期击打来球。

纠正方法：站位尽量靠近底线；降低身体重心，靠近来球第一落点，提前做好引拍动作，球落地瞬间向前挥拍，击打上升阶段的来球。

（4）击球后，身体重心落在后脚。

产生原因：支撑脚在击球时，未能向前蹬地，击球时机太晚而导致身体重心无法前移。

纠正方法：与持拍手同侧脚单足站立，利用单足蹬地进行挥拍练习；在非发力脚前方放置一标志物，击球时跨出此脚让其进入规定区域，支撑脚击球结束后向前跟进。

四、正手抽击球练习方法

（1）无球状态下，进行挥拍练习，巩固、熟练正手抽击球动作。

（2）个人面对挡网或者场地，进行自抛球击打落地球和不落地球练习。将球抛出使其自由落体，在球落地后向上弹跳的高点将球击出，或将自由落体的球在未落地前大约腰部高度将球击出。

（3）击墙练习。在网球墙上标记好球网的高度，在球网高度的上方画一个目标，每一次击球都对准目标，以提高击中目标区域和连续击球的能力。

（4）同伴定点抛球，练习者移动击球。同伴站立底线同一侧，将球自由落体式抛出；练习者从固定位置出发，待球落地反弹至腰部高度附近将球击出。

（5）同伴定点模拟现实来球，练习者移动击球。同伴将球抛出使其运动轨迹在地面的投影平行于边线，练习者从固定位置出发完成移动击球练习。

（6）同伴隔网用球拍送球，模拟现实来球；练习者底线移动击球。同伴隔网站立，将球向前送向底线附近；练习者从固定位置出发，完成移动击球练习。

（7）双方练习者隔网相对，利用发球区进行来回球正手抽击练习。双方练习者位于发球线附近，将球的落点控制在发球区以内，进行来回球抽击练习。

（8）双方练习者隔网相对站立于底线附近，进行直线来回球抽击练习。双方练习者分别位于底线两端，进行直线来回球抽击练习，加强对线路和落点的控制。

（9）双方练习者隔网相对站立于底线附近，进行对角线正手抽击练习。双方练习者对角线站立，进行对角线来回球抽击练习。

（10）同伴隔网截击，练习者底线击打来回球练习。同伴取位于网前进行直线截击回球，练习者位于底线进行来回球抽击练习。

（11）同伴网前截击，练习者底线进行破网定点斜线或直线练习。同伴取位于网前进行截击，练习者位于底线进行斜线或直线破网的击球练习。

（12）两名同伴网前截击，练习者底线正手定点或不定点进行破网练习，以缩短回击球时间，增加练习的密度和难度。

第二节　双手反手抽击球技术

一、双手反手抽击球基本技术

（一）双手反手抽击球的作用与意义

反手抽击球技术相较于正手抽击球技术更为丰富、灵活、多变。在长期的网球运动实践中，人们逐渐将反手抽击球技术发展为单手反手抽击球技术和双手反手抽击球技术两大类。单手反手抽击球技术灵活多变、手段丰富，但由于单手的力量相对较小，容易被对方当作弱点进行攻击；双手反手抽击球技术极大地增强了反手抽击球的攻击能力，使全攻型运动员达到全新的高技术水平。

（二）动作要领

1. 握拍

双手反手抽击球的握拍方式为：右手采用大陆式或东方式反手握拍，左手采用东方式正手握拍；右手手掌根部与拍底平行，除拇指环扣外，其余4根手指并拢一把抓住拍柄；左手置于右手上方。

关键点：

- 右手采用大陆式或东方式反手握拍，左手采用东方式正手握拍；
- 持拍手臂保持放松，右手在下，左手在上，双手握拍；
- 保证球拍拍头高于拍柄，置于身体中间；
- 双臂肘关节自然置于身体两侧。

2. 准备姿势

面对球网，双脚自然开立略宽于肩，双膝微屈，上身微微前倾，双肘自然弯曲置于体侧，身体重心落在前脚掌上；拍面略微倾斜放于体前，拍头稍向前上方，双眼平视前方，注意力集中准备迎击来球。（图3-5）

图3-5 双手反手抽击球准备姿势

关键点：

- 身体正对球场，采用双手反手握拍方式轻握球拍；
- 双膝微屈，上身微微前倾；
- 双脚开立略宽于肩，身体重心落在前脚掌上；
- 放松身体，紧盯来球。

3. 后摆引拍

对方击球瞬间，完成分腿垫步；在来球在空中飞行的过程中，快速移动并向后引拍。向左转髋，带动双手向左后方摆动；左脚向左旋转90°，与底线平行；右脚向左前方上步，右肩对球网，双肩自然松弛下沉。右手肘关节尽量伸直，让上臂紧贴身体，左手肘关节自然弯曲，双手手腕稍松弛、后伸。此时，拍头高于拍柄，拍面稍向下，拍柄底部指向来球方向，身体重心位于左脚。（图3－6）

图3－6　双手反手抽击球后摆引拍

关键点：

- 快速判断来球方向，及时转髋转肩并向后引拍；
- 身体重心转移到左脚上；
- 球拍后摆时，拍头略高于拍柄；
- 拍柄底托正对来球；
- 屈膝为向前、向上击球做准备。

4. 挥拍击球

准确判断来球落点，在球落地瞬间，利用左脚蹬地发力，转髋顶肩，上身带动手臂，迎着来球的方向向前挥动球拍。在球的上升期击打来球，击球点在右脚侧前方腰部高度，前挥动作要平滑、连贯。击球前的瞬间，拍头低于来球；击球时，双手紧握球拍，手腕固定，靠左手向前挥动的力量把球拍向前上方带出。球拍触球时，拍头的挥动最快，双臂肘部尽量伸直，球拍与手齐平，双眼盯住来球，身体重心从后向前转移。（图 3-7）

图 3-7 双手反手抽击球挥拍击球

关键点：

· 及早预判来球的落点，并快速移动至球飞行轨迹的前方；

· 右脚前跨，左脚蹬地发力，转髋顶肩，上身带动手臂、球拍向前挥出；

· 球拍触球前，做从后往前、自下而上的挥动；

· 击球时，双臂伸展于身体左侧前方；

· 击球点位于右脚侧前方、腰部高度。

5. 随挥

球击出后，挥拍沿着球飞行的方向向前送出，尽量延长挥拍轨迹，当无法继续向前送出球拍时，屈肘收拍，并结束于右肩上方。挥拍动作结束时，身体重心移落在右脚，身体转向球网，拍头指向左后下方，拍底指向右前上方（图3-8）。随挥动作要比后摆动作大而充分，从而保证击球动作的完整和稳定。随挥跟进动作结束后，迅速恢复到准备姿势，准备迎击下一次来球。

图3-8 双手反手抽击球随挥

关键点：
· 在击球后，球拍应沿目标方向继续挥出；
· 动作完成时，双手置于右肩上方；
· 左足鞋底正对后挡网；
· 随挥结束时，拍底朝右前上方，拍头朝左后下方。

二、双手反手抽击球的种类

（一）双手反手上旋球

双手反手上旋球与正手上旋球相似，球在空中的飞行特点及落地后的弹跳特点，决定了其稳定性高和攻击性强。强烈的上旋球能在比赛相持阶段取得主动态势，为下一拍的进攻得分创造有利条件。

动作要点：

（1）右手采用东方式反手握拍，左手采用东方式正手于右手上方握拍。

（2）尽早预判来球落点，引拍时，运动员右脚向侧前方跨出45°左右，借助转体使右肩转向球网方向，肘关节微屈并靠近身体，侧身引拍动作随转体而自然拉开。

（3）放松小臂和手腕，拍面微微向下，利用身体回转将球拍由后下方向前上方挥出，击打球的中部或者中部偏上的位置。

（4）击球瞬间，小臂回收对球进行包裹，从而加大对球的摩擦力。同时，放松打开的手腕对球进行鞭打，以进一步提高球速。击球后，球拍继续向前上方挥动，使其在身体的右肩上方自然停止。

（二）双手反手平击球

双手反手平击球在空中的飞行特点及落地后的弹跳特点，决定了其具有速度快、弹跳低、穿透力较强等特性。在底线相持阶段，运动员如果能打出较高质量的双手反手平击球，将为接下来的战术实施创造良好的条件。

动作要点：

（1）右手采用大陆式握拍，左手采用东方式正手于右手上方握拍。

（2）尽早预判来球落点，引拍时，运动员右脚向侧前方跨出，借助转体使右肩转向球网方向，肘关节微屈并靠近身体，侧身引拍动作随转体而自然拉开。

（3）放松小臂和手腕，拍面基本与地面垂直，利用身体回转将球拍由后下方向前方挥出，击打球的后中部位置。

（4）击球时，左手手臂向球飞出方向做较大幅度的延展随挥动作。同时，放松打开的手腕对球进行鞭打，进一步提高球速。击球后，球拍继续向前上方挥动，在身体的右肩上方自然停止。

三、常见错误及纠正方法

（1）击球时，因右手未转换握拍方式，导致击球动作不顺畅，击球效果较差。

产生原因：换握拍动作不够熟练；不能较好判断来球方向，且作判断时较为犹豫。

纠正方法：在无球状态下，进行换握拍练习直至熟练掌握；同伴向练习者反手侧抛球，练习者看到同伴有抛球意图后，在准备引拍的一瞬间就完成握拍方式的转换；练习者采用双手反手抽击球的握拍方式准备，不需要换握拍情景下进行击球练习，直至双手反手抽击球动作熟练。

（2）击球容易下网，击球动作完成后双手小臂交叉形成"剪刀"手。

产生原因：主导手的握拍方式过于向"西方式"方位转动，击球时拍面过于向下关闭；为了增加球过网的概率，运动员在击球时，如使用大幅度的"雨刮"动作以增大球拍拍头向上的摩擦力，却导致双手手臂不可避免的交叉。

纠正方法：将主导手的握拍方式转换为"东方式"或"半西方式"，减少拍面向下倾斜的角度；挥拍击球过程中，控制拍头的运行轨迹，避免拍头快速、大幅度地向右上方刷出。

（3）后摆引拍动作太大，拍头下垂过早，击球费劲且缺乏穿透力。

产生原因：向后引拍时，没有充分转体，且为了增大击球的力量，致使引拍动作太大；向后引拍时，因双手手臂、手腕紧张致使球拍拍头不能稍稍向上翘起。

纠正方法：侧身对球场后挡网，做在转髋、转体带动下的引拍练习，体会球拍在转体带动下顺势向后引出；向后引拍时，双手手臂放松，手腕稍稍向上翘起，使球拍从上臂高度附近以较小的弧形轨迹后拉引拍。

（4）击球点太靠后，击球后，身体重心落留在左脚无法前移。

产生原因：引拍太晚，错过击球时机，来不及向前挥拍；习惯于开放式步法，击球瞬间左脚未蹬地、右脚未向前跨出。

纠正方法：在后挡网的网格中塞一个球，面对球网做挥拍练习，找到正确的击球点并熟练巩固该练习；在原地击球练习中，一定要上步挥拍击球，完成击球动作后，身体前倾，支撑腿的脚后跟离地并且向前迈出一步。

四、双手反手抽击球练习方法

（1）无球状态下，进行挥拍练习，巩固、熟练双手反手抽击球动作。

（2）个人面对挡网或者场地，进行击打自抛球落地球和不落地球练习。将球抛出使其自由落体，在球落地后向上弹跳的高点将球击出，或将自由落体的球在未落地前、大约腰部高度将其击出。

（3）击墙练习。在网球墙上标记好球网的高度，在球网高度的上方画一个目标，每一次击球都对准目标，以提高击中目标区域和连续击球的能力。

（4）同伴定点抛球，练习者移动击球。同伴站立底线同一侧，将球自由落体式抛出；练习者从固定位置出发，待球落地反弹至腰部高度附近将球击出。

（5）同伴定点模拟现实来球，练习者移动击球。同伴将球抛出使其运动轨迹在地面的投影平行于边线，练习者从固定位置出发完成移动击球练习。

（6）同伴隔网用球拍送球并模拟现实来球，练习者底线移动击球。同伴隔网站立，将球向前送向底线附近；练习者从固定位置出发，完成移动击球练习。

（7）双方练习者隔网相对，利用发球区进行来回球反手抽击练习。双方练习者位于发球线附近，将球的落点控制在发球区以内，进行来回球抽击练习。

（8）双方练习者隔网相对站立于底线附近，进行直线来回球抽击练习。双方练习者分别位于底线两端，进行直线来回球抽击练习，加强对线路和落点的控制。

（9）双方练习者隔网相对站立于底线附近，进行对角线反手抽击练习。双方练习者对角线站立，进行对角线来回球抽击练习。

（10）同伴隔网截击，练习者底线击打来回球练习。同伴取位于网前进行直线截击回球，练习者位于底线进行来回球抽击练习。

（11）同伴网前截击，练习者底线进行破网定点斜线或直线练习。同伴取位于网前进行截击，练习者位于底线进行斜线或直线破网的击球练习。

（12）两名同伴网前截击，练习者底线反手定点或不定点进行破网练习，以缩短回击球时间，增加练习的密度和难度。

第三节　单手反手抽击球技术

一、单手反手抽击球基本技术

（一）单手反手抽击球的作用与意义

由于单手反手是用一只手握拍击球，使得挥拍时可以有较大的回击空间调整，能较好回击各种不同高度的球，特别是较容易回击对方速度较快的平击球。同时，单手反手抽击球在很大程度上弥补了双手反手抽击球时身体延展性不足的缺陷。单手反手抽击球不需要有双手反手抽击球那样精准的步法，这是因为有更多手臂和脚步的延伸，能有效地追上短球或回击弹出界外的球，只要在球拍能够触及的范围内就可以选择击出上旋球或平击球。相较双手反手抽击球而言，单手反手抽击球的调整空间大、动作顺畅、线路隐蔽、击球手法多样，这使得单手反手击球的运动员在战术的选择上也更加充裕。

（二）动作要领

1. 握拍

单手反手抽击球多采用东方式反手握拍法。此种握拍法在击球时对球拍有加速的作用，同时由于手腕的支撑作用，球拍在击球时较稳定，不仅对各种高度的来球及各种旋转球都有很好的适应性，而且可以打出速度较快的平击球和强力的上旋球。

西方式反手握拍法也适用于单手反手抽击球。此种握拍法可在击球时给予手腕较大的自由度，使得手腕更为灵活，而前臂也对手腕起到很好的支撑作用。因此，西方式反手握拍单手反手击球时，球拍很稳定，可以打出强力的上旋球，对较高来球有很好的适应性。

关键点：

- 采用东方式反手或西方式反手握拍；
- 双手轻持球拍拍柄，持拍手臂保持松弛；
- 球拍拍头高于拍柄，置于身体中间；
- 双臂肘关节自然置于身体两侧。

2. 准备姿势

单手反手抽击球的准备姿势与正手抽击球相同。运动员面向球网，两脚开立略宽于肩，双膝微屈，上身稍前倾，身体重心落在前脚掌上，左手托住拍颈，拍头指向前上方，双眼平视前方。（图3-9）

图3-9 单手反手抽击球准备姿势

关键点：

- 身体正对球场，持拍手握好球拍，非持拍手托住拍颈；
- 双膝微屈，上身稍前倾；
- 两脚分开略宽于肩，身体重心放在前脚掌上；
- 放松身体，紧盯来球。

3. 后摆引拍

当判断对方来球朝反手方向飞来时，应迅速降低身体重心并右脚蹬地，使身体重心移至左脚的同时向左转髋、转肩，在左手辅助下向后引拍。后摆引拍时，肘关节自然弯曲并靠近身体，手腕背屈。拍头稍向上翘起高于手腕，基本位于肩至头部高度处。右脚大步向左侧前方跨出，背部对着对方场地，右肩前探，身体重心落在左脚。（图3-10）

图3-10　单手反手抽击球后摆引拍

关键点：

- 迅速判断来球方向，及时降低身体重心；
- 转髋、转肩使身体侧对击球方向，右肩朝前；
- 肘关节自然弯曲靠近身体，手腕背屈，拍头稍向上翘起；
- 拍柄底部大致指向来球方向。

4. 挥拍击球

当球落地弹起时，左脚蹬地，身体重心从左脚向右脚转移，以右侧身体为轴心，迅速转髋、转肩带动整个手臂从后上方向前下方挥出。前挥时，右手臂仍然保持弯曲，左手留在身体左侧方起到平衡作用（图3-11）；当球拍经过低点后，由左后下方向右前上方挥出，于腰部高度触球。触球瞬间手腕绷紧，紧握球拍，球拍拍面与地面垂直或稍向前下倾。在整个挥拍击球的过程中，头部保持稳定，身体重心随着伸膝、伸髋有一个由低至高的起伏。在球拍线路的控制上，如果打直线球，则击球点和手腕的连线与底线平行挥出；打斜线球时，击球点可在前，手腕在击球点后将球击出。整个击球动作要一气呵成。

图 3-11　单手反手抽击球挥拍击球

关键点：
- 在开始向前挥拍时，运动员右脚应向要击球的方向迈步；
- 击球点在身体侧前方，腰部高度；
- 击球时，拍面与地面基本垂直或稍向前下倾；
- 球拍击球前轨迹呈现由左后下向右前上方挥动。

5. 随挥

击球后，球拍沿着球飞行的方向向前、向上送出；手臂逐渐从屈到伸，直至随挥结束呈现完全伸直的完满状态。双肩沿着不同的方向打开，左手与右手运动趋势相反，身体重心转移到前脚上。（图 3-12）

图 3-12　单手反手抽击球随挥

关键点：
- 在击球后继续挥动时，球拍应继续由左侧低处向右侧高处挥出；
- 动作完成时，肘关节在肩部高度；
- 左足鞋底对向后挡网并保持好身体平衡。

二、单手反手抽击球的种类

（一）单手反手上旋球

单手反手上旋球稳定性好、隐蔽性强，较易控制击球线路，特别容易打出直线穿越。但是，由于单手反手抽击球力量较小、速度不快等因素，在比赛中也常常被对手作为弱点进行攻击。

动作要点：

（1）右手采用东方式反手或西方式反手握拍法。

（2）准确预判对方来球方向，迅速降低身体重心，右脚蹬地前跨，身体重心移至左脚的同时向左转髋、转肩，在左手辅助下向后引拍。

（3）左脚蹬地、转髋、带肩，同时上臂带动小臂，由后下向前上将球拍挥出，击打球的后中部偏下位置，手腕紧绷，球拍由下至上强烈擦击来球。右脚向前迈出，击球点在身体侧前方，腰部高度。

（4）击球后，继续由左侧低处向右侧高处挥动球拍，手臂伸直，于肩部高度结束动作，左足鞋底对向后挡网并保持好身体平衡。

（二）单手反手平击球

单手反手平击球的球速快，飞行线路平直，球落地后反弹弧线较低且前冲力较大；但这种球的失误率较高，尤其在移动状态中很难将过网高度和飞行距离进行精准控制。

动作要点：

（1）右手采用东方式反手或大陆式握拍法。

（2）准确预判对方来球方向，迅速降低身体重心，右脚蹬地前跨，身体重心移至左脚的同时向左转髋、转肩，在左手辅助下向后引拍。

（3）左脚蹬地、转髋、带肩，同时上臂带动小臂将球拍由后向前几乎直线挥出，击打球的后中部。右脚向前迈出，击球点在身体侧前方，腰部高度。

（4）击球后，继续由左侧向右侧挥动球拍，手臂伸直，于肩部高度完成动作，左足鞋底对向后挡网并保持好身体平衡。

（三）单手反手削球

削球击球法主要是使球击出后产生下旋，且球落地后弹跳低的一种击球手法。削球飞行轨迹低平且落点多变的特性，可以迫使对方由下向上拉球，或使对方难于借助回球力量击出攻击性强的回球。反手削球技术掌握得好，可以把它作为变化比赛节奏的有效武器，尤其作为随球上网的手段，可以以此取得良好的效果。

动作要点：
（1）采用大陆式握拍法或东方式反手握拍法。
（2）从准备姿势开始，一旦判断要打反手削球时，应立即转肩，由转肩、屈肘带动球拍后引，手腕稍微翘起，以保持球拍拍头稍向后上方，保持拍头高于手腕，手腕高于肘关节腕完成引拍动作。
（3）向前挥拍时，后脚蹬地，身体重心随着向前跨出的右脚前移，以加强击球的力量和速度，削球的挥拍轨迹应从后上向前下方挥动运行。球拍拍面触球时，稍稍打开拍面，击打球的后中下部位置。击中球后，继续向前随挥，自然停止，尽量延长球拍与球的接触时间便于控制球的落点和深度。

三、常见错误及纠正方法

（1）击球时未转换握拍方式，导致击球动作不顺畅，击球效果较差。

产生原因：因长期习惯于采用正手握拍法进行准备，当球来到反手侧时换握拍动作不够熟练，不能顺利完成握拍法的转换；不能较好地判断来球的方向，作出判断时较为犹豫。

纠正方法：在无球状态下，进行换握拍练习直至熟练掌握；同伴向练习者反手侧抛球，练习者看到同伴有抛球意图后，在准备引拍的一瞬间就完成握拍方式的转换；练习者采用单手反手抽击球的握拍方式进行准备，不需要换握拍情景下进行击球练习，直至单手反手抽击球动作熟练。

（2）侧身转体幅度不够，后摆总是慢半拍而引拍不充分。

产生原因：由于准备动作不够充分，转体引拍时机把握不当，导致来不及转体引拍；心理上对转体引拍动作的抗拒，害怕侧身对球场；忽视身体发力击球的作用，喜欢用手臂击球而忽略转体击球动作。

纠正方法：提高注意力，准确判断来球线路；当判断来球线路为反手侧时迅速移动、转体、引拍；侧身对球场后挡网，做转髋、转体、引拍练习，体会在转体带动下顺势向后引拍；克服心理障碍，做到转体扭头、上步击球。

（3）击球点太靠后，击球后身体重心不能向前跟进，造成击球困难，击球效果较差。

产生原因：引拍时机晚，引拍动作慢；挥拍击球时，非支撑脚未能向前跨步迈出，且随挥时蹬地脚未能向前迈出跟进。

纠正方法：在后挡网的网格中塞一个球，面对球网做挥拍练习，找到正确的击球点并熟练、巩固该练习；在原地击球练习中，一定要上步挥拍击球，完成击球动作后身体前倾、支撑脚向前迈出一步。

（4）随挥动作无法充分伸展完成。

产生原因：由于转体不够充分，无法形成回环扭转身体发力，导致球拍向前、向上挥拍速度不够；非持拍手未做与挥拍手相反方向的运动，使得身体无法伸展。

纠正方法：侧身对球场后挡网，做转髋、转体、引拍练习，体会在转体带动下顺势向后引拍；将球拍拍面用辅助器材（塑料口袋）包裹住，增大转体击球的阻力，进行无球状态下的挥拍练习；保证每次挥拍击球时，非持拍手与挥拍手做相反方向的运动。

四、单手反手抽击球练习方法

（1）无球状态下，进行挥拍练习，巩固、熟练单手反手抽击球动作。

（2）个人面对挡网或者场地，进行自抛球击打落地球和不落地球练习。将球抛出使其自由落体，在球落地后向上弹跳的高点将球击出，或将自由落体的球在未落地前，大约腰部高度将球击出。

(3) 击墙练习。在网球墙上标记好球网的高度，在球网高度的上方画一个目标，每一次击球都对准目标，以提高击中目标区域和连续击球的能力。

(4) 同伴定点抛球，练习者移动击球。同伴站立底线同一侧，将球自由落体式抛出；练习者从固定位置出发，待球落地反弹至腰部高度附近将球击出。

(5) 同伴定点模拟现实来球，练习者移动击球。同伴将球抛出使其运动轨迹在地面的投影平行于边线，练习者从固定位置出发完成移动击球练习。

(6) 同伴隔网用球拍送球并模拟现实来球，练习者底线移动击球。同伴隔网站立，将球向前送向底线附近；练习者从固定位置出发，完成移动击球练习。

(7) 双方练习者隔网相对，利用发球区进行来回球单手反手抽击练习。双方练习者位于发球线附近，将球的落点控制在发球区以内，进行来回球抽击练习。

(8) 双方练习者隔网相对站立于底线附近，进行直线来回球抽击练习。双方练习者分别位于底线两端，进行单手反手直线来回球抽击练习，加强对线路和落点的控制。

(9) 双方练习者隔网相对站立于底线附近，进行对角线单手反手抽击练习。双方练习者对角线站立，进行单手反手对角线来回球抽击练习。

(10) 同伴隔网截击，练习者在底线击打来回球练习。同伴取位于网前进行直线截击回球，练习者位于底线进行单手反手来回球抽击练习。

(11) 同伴网前截击，练习者底线进行斜线或直线破网练习。同伴取位于网前进行截击，练习者位于底线进行单手反手斜线或直线破网的击球练习。

(12) 两名同伴网前截击，练习者在底线正、反手定点或不定点进行破网练习，以缩短回击球时间，增加练习的密度和难度。

第四章 攻守兼备之"核武"：发球与接发球

发球和接发球技术是一对矛盾的统一体，它们相互制约、相互对抗。好的发球能够制约对方运动员接发球的表现，而拥有高超接发球的能力，在一定程度上也制约着对方发球的表现。职业网坛史上，伟大的球员几乎都拥有完美无缺的接发球能力。发球和接发球技术各自的改进，也在某种程度上促使另一技术的进步。

第一节 发球技术

一、发球基本技术

（一）发球技术的作用与意义

在现代网球技术中，发球是最重要、最独特的技术之一，也是网球技术中唯一完全由运动员个人控制的技术。发球质量的好坏取决于球的速度、落点和旋转这三项指标。一次好的发球，不仅能较大程度地展现个人的网球运动能力与特点，用以限制对方运动员接发球的质量，而且可以最大限度地执行自己的战术意图，甚至可以直接得分。因此，要想打好网球，必须较全面地掌握各种发球技术，以求在比赛中取得主动权。

网球比赛中的发球分为第一发球（以下简称"一发"）和第二发球（以下简称"二发"）。一发一般以力量和速度为主，使其产生"唯快不破"的效果；二发更强调角度、旋转和落点，通过这些特性的结合达到压制对方接发效果的目的。对于初学者来说，可以将发球技术分为上手发球与下手发球；击球点位于头部高度以下的称为下手发球，击球点在头部高度以上的称为上手发球。本书仅介绍上手发球。

（二）动作要领

1. 握拍

发球通常使用大陆式握拍法。该握拍法为扣腕和屈肘动作提供了关节的最大活动范围。而屈腕、屈肘动作能给球带来较快的球速和转速，使击出的球速度快、转速高、攻击性强。但与偏东方式反手握拍法施加给球的旋转相比，大陆式握拍法稍微有所欠缺，发挥不好会导致失误率较高。

关键点：

·采用大陆式握拍；

·手腕及身体放松。

2. 准备姿势

全身放松，侧身站立在底线外中心标志近旁（单打），左脚脚尖对向右边网柱并与底线约呈45°，上身面向发球区。双脚错开前后站立，右脚脚尖基本与左脚脚后跟在一条直线上，右脚约与底线平行，身体重心位于左脚；左手持球于腰部高度轻贴拍面，拍头指向前方。呼吸均匀，注意力集中。（图4-1）

图4-1 发球准备姿势

关键点：
- 双脚错开与肩同宽，于底线后侧身站立；
- 右脚与底线基本平行，左脚对向右侧网柱；
- 手腕、手臂放松握拍于体前，左手持球轻贴拍面下端；
- 身体重心位于左脚前脚掌上。

3. 抛球与引拍

准备充分后，持球手由上而下经左大腿内侧后逐渐在体前上举至最高点，依靠拇指、食指和中指轻轻托住球体，协调、平稳地将球在头部高度顺势向正上方抛出；同时，持拍手从上而下经过右大腿外侧，经最低点后向后上方做举拍动作，此时肘关节弯曲使小臂与大臂基本呈90°，形成一个L形，双肩与球网约呈垂直角。随着抛球举拍动作的进行，身体重心从左脚向右脚转移，然后平稳地将身体重心再由右脚向左脚前移；双膝微屈，上身做转体、展肩动作，左胯顶出使整个身体呈弓形。（图4-2）

图4-2 抛球与引拍

关键点：
- 双手手臂一同向下和向上运动；
- 身体重心平稳地做出由前向后再向前的转移；

- 球拍从前往后经过身体右侧向后上方拉起，此时拍头向上，拍底向下；
- 球从伸展的左手中垂直向上抛出，位于身体前方左脚延长线的上方；
- 抛球的高度应能满足击球手臂的充分伸展，并使击球感到舒适。

4. 挥拍击球

当左手将球抛出后，右手抬肘转体让球拍继续一个向上摆起的趋势，同时向前、向上回转身体，顶出肩膀，使手臂产生一个完美的绕圈，使球拍从高点顺势向下。当球下落过程中，左脚上蹬、伸膝转髋发力，使手臂和身体充分向前向上伸展，将球拍从低点向前上方挥出，于最高点击打球体。向前上方伸展击球时，肩、手臂继续回转，手腕向外翻转带动小臂做"旋内"鞭打动作。这是发球技术的关键环节，也是其他诸如身体重心前移、蹬地、转体、挥拍等环节聚集的结果。击球点应在体前上方，以拍面中心平直对准球，击球的后中上部。在击球时，抛球手臂弯曲向身体回收。（图4-3）

图4-3 挥拍击球

关键点：
- 蹬地击球时，身体向前回转，球拍于身后环绕并随即向前上方挥出击球；
- 运动员必须尽力伸展身体，于最高点击球；
- 击球点应在身体右侧前方，基本上与右臂充分伸直时一致；
- 击球时，身体的转动和身体重心向前转移，以达到右鞋底正对后挡网；
- 球拍击打球体的瞬间，从球拍的头部到左脚后跟约呈一条直线。

5. 随挥

在球拍撞击球后，身体顺着挥拍动作的惯性做收腹、转肩、收拍的随挥动作。随挥时球拍经过左侧大腿外侧，并收于左侧身体腋下，整个过程中眼睛始终盯球，左手回收以帮助保持身体平衡。当身体在空中向下回落时，上身前倾，左脚落地，右小腿略向后上方翘起，以保持身体平衡（图4-4）。接着，快速恢复至击球准备姿势，等待击打对方的回球。如准备采用发球上网战术时，就做一个类似向前的、有力的起跑动作，把身体重心稳稳地落在右脚上来完成基本的发球并向前快速移动。

图4-4 发球随挥

关键点：
- 球拍挥动呈弧形，并在身体左侧结束；
- 身体重心完全落在左脚上，左脚落地后快速蹬地做分腿垫步动作；
- 右小腿略向后上方翘起，右脚指向后挡网。

二、不同类型的发球技术

根据发出球的速度、旋转情况，可将发球分为平击发球、切削发球和上旋发球三类。平击发球的速度最快，击球点在身体正前上方，以拍面中心平直对准球的后中部，发球时小臂和手腕的"旋内"鞭打动作，以提高发球的速度和命中率。切削发球能够产生较大的速度与向右的旋转，发球时快速从右上方向左下方挥动球拍，击打球的右外侧，使其产生向右的旋转。上旋发球能够产生足够的旋转，球抛至头部偏左一点的位置，球拍迅速从左下向右上方挥动，从左下向右上方摩擦球的背面。

（一）平击发球

平击发球的动作基本上与切削发球相同。不同之处在于其击球点更加靠前、靠上，在触球的一刹那，用近乎平行于球网的拍面击打球体的后中上部。

动作要点：
(1) 采用大陆式握拍法。
(2) 抛球至身体的正前上方。
(3) 向上挥拍时，充分伸展身体。
(4) 屈腕、屈肘做出明显的"旋内"动作。
(5) 于身体前方击球，身体重心及时跟进。
(6) 高点击球，触球时拍面与球网近乎平行。

（二）切削发球

切削发球是一种以右侧旋转为主的发球法，切削发球时抛球于身体右侧前上方，当球快进入击球点时，蹬地、转髋、顶肩，身体从屈到伸，伴随着身体回转的同时右臂迅速向右侧前上方挥动球拍。让球拍在所能达到的最高点上从球体的右上侧位置将球击出，击中球后球拍从右侧高点向身体左侧下方继续挥动，直至球拍靠近左侧身体结束，使球产生右侧旋转。如果把球的后部看作一个钟面，拍面应击在两点钟的位置上，而球的飞行轨迹则是一条从右向左的弧线。

动作要点：

（1）采用大陆式或东方式反手握拍。

（2）抛球至身体右侧前上方。

（3）抛球时抬头，使双眼能紧盯抛出的球。

（4）击球点要高，擦击相当于钟面的两点钟位置。

（5）屈腕是一个"旋外"动作。

（6）随挥跟进动作应流畅完整。

（三）上旋发球

上旋发球的抛球比平击发球稍偏左后些，约在左肩上方外侧。在准备发强劲的上旋球时，抛球后身体向左侧后方转动，并充分弓背。挥拍击球时，做自下而上并向右外侧的弧形鞭打运动，自下而上、由左至右击打球体后部位置，此时强有力的手腕"旋外"动作使球产生明显的右侧上旋。如果把球的后部看作一个钟面，拍面须从七点钟的位置向上擦击并翻越到一点钟的位置。击球之后，球拍应继续向前、向右到达身体的右上方，击球后依靠屈腕、屈肘、收腹等一系列动作将球拍收回靠近身体。上旋发球过网较高、越过球网后快速下坠，球落地后会产生强烈的右侧上旋，从而造成对方回击球的困难。

动作要点：

（1）与平击发球和切削发球相比，上旋发球的抛球离身体较近，并稍靠身体左侧。

（2）腰部扭转和背弓的程度要大，身体重心从后向前转移的时机更晚。

（3）手腕的叩击动作明显大于平击发球和切削发球。

（4）击球结束做收拍动作时，球拍向前的成分更少，接近于从右向左横挥。

三、常见错误及纠正方法

（1）抛球不稳。屈肘抛球，球离开手的瞬间抖动手腕，导致抛出的球不能直上直下，球体在空中的旋转较多。

产生原因：持球手在抛球时的持球方式不正确；做抛球动作时，未能保持整个手臂呈一条直线；不能利用惯性将球顺势抛出，缺乏出手初速度，在出手瞬间靠手腕抖动发力。

纠正方法：在无球状态下多进行抛球练习，想象球抛出后，手部继续向上沿惯性上举至最高点；找到挡网柱或灯柱作为参照物，保证抛出去的球能直上直下；站立于底线发球位置，左脚向前的延长线上放置一把球拍（或用胶布贴一个区域），做抛球练习保持球落入球拍拍面（规定区域）。

（2）抛球手和持拍手的动作不协调，缺乏节奏感。

产生原因：对发球动作的掌握不够熟练；抛球手和持拍手在完成动作时没有时间差，导致手忙脚乱。

纠正方法：进行无球状态下的发球练习，直至熟练掌握发球动作；进行发球练习时，先将球抛出再依次进行持拍手和身体动作。

（3）击球时，双脚不能腾空，手臂不够伸展，未在最高点完成击球。

产生原因：球抛出的高度不够；由于球拍向前挥出的时间点太晚，抛出的球已经下降太多，导致手臂无法伸直。

纠正方法：进行抛球练习，要求每次抛球的高度高于人持球拍能够伸展到的最高点20～60厘米；设置一处标志物作为发球的击球点，在不抛球状态下进行发球动作练习，让球拍的甜区在身体充分向上伸展状态下，每次都能接触到标志物。

（4）发出的球绵软无力、飘忽不定，缺乏穿透力和旋转。

产生原因：未做出正确"搔背"动作；发球时"蹬地、转髋、顶肩"等一系列动作衔接不够充分。

纠正方法：利用辅助器械（塑料袋装一颗球等）进行发球"搔背"动作练习；在发球位置设置一个固定高度的障碍物，进行发球练习时蹬地发力，让整个人腾空并向前上方跳出，高度超过障碍物。

四、发球练习方法

（1）发球动作挥拍练习。巩固、熟练发球基本动作。

（2）不持拍抛球练习。在手臂做自上而下至左侧大腿内侧，进而从下往上至高点的抛球练习，当直臂上举至头部高度时力度柔和，手指稳固地将球抛出。

（3）一手持球完成抛球，另外一只手完成挥拍动作练习。不持拍状态下，用抛球手完成抛球，用击球手在高点将球抓住。

（4）抛球撞击球节奏配合练习。双手持球，一只手完成抛球，另外一只手完成挥拍动作将球抛出，用持拍手抛出的球击打抛球手抛出的球。

（5）抛球挥拍碰球练习。练习者面向网球场围网，站在距离围网约一大步的位置，做完整的抛球、引拍、击球动作将球扣贴在围网上。其目的是训练控制抛球的稳定性及检验捕捉最佳击球点位置的能力。

（6）两人配合发球练习。同伴代替完成发球的抛球，练习者位于球场发球线附近做挥拍击球练习。在此要注意完整动作以及扣腕击球细节，确保将球击入场地有效发球区内。

（7）对墙控制落点练习。练习者对墙进行发球练习（可以设置标志点），尽量将球控制在一定的区域内，以加强对发球的控制性。

（8）半场击打标志物练习。练习者站立于球场一端发球线附近，在对面球场发球区设置标志物，让发出的球击打设置的标志物，进行发球落点控制练习。

（9）底线发球练习。练习者站立于球场一端底线发球准备区域，采用设置或不设置标志物的方法，进行发球落点控制与成功率的练习。

（10）同伴练习接发球，练习者进行一发与二发的成功率练习。练习者进行发球练习，同伴进行接发球练习，双方能顺利完成发球和接发球后，进行相持球练习，直至这一分结束再开始下一分的练习。

第二节　接发球技术

一、接发球基本技术

（一）接发球的作用与意义

在网球运动的五大基本技术中，接发球与发球是一对相互制约、相互对抗的技术。历史上伟大的职业网球运动员，往往都具有出类拔萃的接发球能力，如费德勒、德约科维奇、桑普拉斯、阿加西、威廉姆斯姐妹等。比赛中，每位球员的第一拍都是由发球或者接发球开始的，一旦发球有效，接发球的质量将直接决定这一分的走势。好的接发球必然会给对方造成心理压力，从而克制对方的进攻，并进而控制比赛局势赢得比赛；反之则会受制于对方的发球，失去比赛获胜的机会。

由于接发球准备时间极短，且在很大的程度上受制于对方的发球质量，为此高水平球员接发球的反应时机往往很早，他们不是在对方发完球之后才判断落点，而是在对方发球前就已经准备扑向那个方向了。他们清楚地知道：若是等球落入本方球场之后再作判断就为时已晚，不仅将失去直接得分的机会，更有可能产生接发球失误。

（二）动作要领

1. 握拍

接发球时的握拍方式没有一定之规，而应根据个人习惯选择最适合的握拍方法。由于发球速度很快且来球的线路不固定，运动员无论选择正手握拍法还是采用反手握拍法，在接发球时总有一个方向的来球需要改变握拍方式。不过，随着双反技术的兴起与发展，右手采用正手抽击球握拍方式，左手采用东方式反手握拍法的接发球握拍方式逐渐为大多数运动员所采用。这样一来，接发球员既可以快速接发正手位的发球，又可以快速变换握拍方式，接发反手位的发球。

关键点：

· 右手采用正手抽击球握拍法，左手采用东方式反手握拍法；

· 以能快捷、舒适接发球为宗旨；

· 握拍时，整个手臂放松。

2. 准备姿势

完美的接发球准备姿势，有利于在短时间内完成接发球的击球环节，提高接发质量，变被动为主动，从而赢得比赛的主动权。准备姿势应保持两脚大幅分开，双膝稍屈，脚跟离地，身体重心前倾；拍头高于拍柄置于体前，两脚不停地来回左右交换身体重心，身体微微晃动；双眼紧盯对方的抛球动作，包括抛球的高度、方向和拍面等。（图4-5）接发球的基本站位一般站在单打边线和底线交界处的位置。但接发球的站位也是可以变换的，这样，运动员就可以根据对方的发球习惯来适当调整站位。尤其在对方大力发球、球速极快时，本方运动员往往会选择向后退一些，以求更多的准备时间，且在接发球时，能够通过向前移动产生向前的动能，从而借力击球。

图 4-5 接发球准备姿势

关键点：
- 两脚大幅分开，双膝稍屈；
- 脚后跟稍稍离地，身体稍微前倾，使身体重心落在前脚掌上；
- 双眼紧盯对方运动员的抛球动作。

3. 引拍

准备动作做好后，应根据对方发球意图来决定移动方向，双脚向前垫步并迅速做出转体引拍动作。在一些高水平的网球比赛中，发球与接发球的间隔时间只有 0.4 秒，甚至更短。因此，接发球时并没有充裕的时间像底线抽击球一样弧形引拍和充分转体。接发球的引拍动作比常规的正、反手抽击球引拍动作幅度要小，一般为直线小幅摆动引拍。总体归结为转体、侧身上步和手臂随身体小幅度转动引拍。接发球时，运动员眼睛要紧盯来球，根据对方运动员抛球位置及击球时的拍面变化及时判断来球方向，以选择正手接发球或是反手接发球（图 4-6a、图 4-6b）。对方一发时，站位应偏后且动作要快，引拍后摆距离也要短些，幅度的大小还要根据对方不同的发球进行调整。对于对方的二发，站位可略向前移，以利于采取攻击性的还击。

a. 正手接发球引拍　　　　　　b. 反手接发球引拍

图 4-6　接发球引拍

关键点：

·提前判断对方发球的意图；

·迅速做出转体引拍动作；

·双眼紧盯来球。

（1）正手接发球引拍。引拍时，依靠右肩膀转动，侧身上步，手臂随着身体转动向身体后方球拍。由于接发球的拉开引拍比正常正手抽击球的要小，所以引拍至身体后方即可。同时，要注意身体重心向前和拍头不能上举太高。

（2）反手接发球引拍。反手接发球的引拍动作与正手接发球类似，但一般来说要比正手接发球动作更早准备好变换握拍方式。反手的接发球要注意拍头稍下垂，以便更好地使球体与拍面完全接触。

4. 挥拍击球

接发球时的击球动作与底线击打落地球动作基本相同。当对方将球发出后，接发球员要朝预测的击球位置快速起动，并迅速做出转体引拍动作。看准来球，发力脚蹬地，向击球方向跨出异侧脚，随着身体前移，向前挥拍迎击来球。触球时，应保持球拍稳定，手腕紧固。击球点位于身体侧前方胸部高度，尽量延长球拍触球时间。（图4-7a、图4-7b）

对于快速来球，回球时多数采用推挡式动作，即和截击球打法相似，但不要做过大的挥动。控制好球拍拍面，握紧球拍，绷紧手腕，借力把球挡回去，球速也会很快。不论是快速来球还是较慢的旋转发球，接发球员眼睛必须盯住球，从球离开发球员的手开始，直到球被回击，眼睛始终不能离开球。

a. 正手接发球挥拍击球　　　　b. 反手接发球挥拍击球

图 4-7　接发球挥拍击球

关键点：

- 紧握球拍，手腕固定；
- 向击球方向跨出异侧脚，身体重心前移明显；
- 击球点位于身体侧前方胸部高度；
- 双眼紧盯来球。

5. 随挥

球击出后，球拍沿着球飞行的方向尽量前送，以便产生足够的撞击力度。身体重心前移，落在前脚，身体也随之转向球网。随着前挥动作的结束，由小臂带动球拍自然向前、向上，完成对球的包裹，使整个接发动作完整、流畅、自然。（图 4-8a、图 4-8b）

a. 正手接发球随挥　　　　b. 反手接发球随挥

图 4-8　接发球随挥

关键点：
- 击球后，随挥动作简短；
- 身体重心前移，落在前脚，身体也随着转向球网；
- 收拍动作充分，整个动作流畅、自然。

二、接发球的类型及知识拓展

（一）三种不同类型的接发球

1. 抽击接发球

由于发球的力量大，造成接发球的挥拍和击球时间很短。不同于底线抽击球需要依靠身体旋转来增加力量，抽击接发球时主要依靠身体重心的前移、借助来球的速度而将球回击过去。

动作要点：

（1）后腿蹬地，身体重心前移，快速侧身，上步迎击。

（2）紧握拍柄，固定拍头，避免球拍晃动。

（3）触球位置尽可能控制在球拍的甜区上，使球体与拍面完全接触。

（4）击球点更高且更靠前，借助身体转体将球加力抽击出去。

（5）减小挥拍幅度，拍头快速包裹来球，前挥完整，动作流畅、不间断。

2. 切削接发球

当对方发球球速较快，可采用切削接发，尤其在反手接发球中，切削的运用机会较多。当对方发球后，如判断来球的位置不是最佳击球位置时，就可以利用切削球来回击。其动作结构与底线削球基本相同，都需要注意拍面的角度和对球的控制；不同在于切削接发球时，击球点相对靠前。切削接发球优点是提高了控球质量，有利于提升接发球的成功率。但由于切削接发球主要是借力，回球速度相较普通击球稍显慢，且如切削接发落点不够深，也容易在下一拍时遭受对方攻击。

动作要点：
（1）采用大陆式握拍，切削时紧握拍柄、固定球拍拍头。
（2）后脚蹬地，身体重心前移，上步迎击。
（3）控制拍面角度，使球体与拍面完全接触。
（4）触球点尽量靠前，击打球的上升期，借助身体前顶将球击出。

3. 平推接发球

在高水平网球比赛中，由于对方发球质量高、球速快，以致运动员没有时间完成击球时的引拍和前挥动作。这时应将球拍的拍面对准来球，利用球拍和球本身的弹性将球平推到对方场内。但这种回球的质量稍显欠缺，容易给对方连续进攻的机会。

动作要点：
（1）快速上迎，后脚蹬地，身体重心前移，上步迎击。
（2）引拍动作极小，手臂快速前挥，借力击打。
（3）紧握拍柄，固定拍头，避免球拍晃动。
（4）挥拍幅度较小，拍头快速包裹，动作流畅、不间断。

（二）接发球知识拓展

接发球质量的好坏直接决定了接下来几拍的回球质量，甚至直接影响一局的走势。接发球时一般应该遵守以下五个基本原则：第一，回球线路上尽量选择对角线；第二，接发球的深度尽量在底线附近；第三，对方发球上网时，应大胆直线破网；第四，对方二发或发球本身较软时，采用侧身攻，攻击对方反手位弱点；第五，接发时，应长短结合、削抽互补，做到球路、打法手段丰富。针对不同的发球，在接发球技术的运用上应有所差别。

1. 接快速平击发球

平击球的特点是速度快、球质重且弹跳规则，相对来说还是比较容易接的。

通常可以从两个方面积极应对：一方面，根据对方的发球习惯和抛球动作揣测对方的发球意图，在对方球拍尚未触球前对对方的发球落点作出基本的预判；另一方面，选择相对远离底线的站位，在对方发球瞬间垫步向前，采取小引拍、多推挡、不挥完的策略将球回击过网。当对阵暴力型运动员时，也可以正、反手采取大陆式握拍，利用来球强烈的撞击力将球磕挡回去。

2. 接上旋发球

上旋发球相较平击发球落点更为精准、速度相对较慢、弹跳较高，这些特点都有可能使接发球员错失接发球的最佳时机。大多数情况下，接发球员只能选择后退击球，发球员也因此拥有了更充足的时间去准备下一拍击球。

为了减少对方发上旋球时具备的天然优越性，运动员在接发此类发球时应该积极向前迎击来球。当错过前点击球且球跳至最高点时，双反持拍运动员可以选择高点起跳击球，单手反手运动员可以选择切削的方法。若错过以上几种较为靠前的击球机会时，则只有选择退后，待球落下回弹时再进行抽球回击。

3. 接侧旋发球和球速很慢的二发

侧旋发球较平击和上旋发球速度慢，球起跳较低、落地后迅速向场外飞行，难以找准击球点。由于侧旋发球落地后方向改变，往往会使接发球员身体重心离开场地，此时若回球质量差，将会给对方留出较大的空当。因此，在接发侧旋发球时，脚步的调整尤为重要。这时，应利用快速移动将身体与球的距离调整到最佳位置，使用自己擅长的正手或反手接发球，以减少失误，并且在回击时应给予对方一定的压力。

三、常见错误及纠正方法

（1）反应时间短，来不及挥拍击球。

产生原因：来球较快，接发球员对来球的速度、方向缺乏较早的预判，致使出现反应时间短这种"慢半拍"的现象。

纠正方法：对方将球抛出后，从对方抛球方位的细微差别上，预判对方的发球线路，在对方击球瞬间，紧盯来球，迅速分腿垫步，进而后摆引拍、快速上步击球。

（2）无法准确判断对方发球意图、落点、旋转等。

产生原因：精神过于紧张，不能准确判断对方发球意图。

纠正方法：双眼紧盯对方抛出的球，根据对方抛球位置的细微差别、球拍触球时拍面的角度，提前判断对方发球的落点、旋转；接发球时，尽量做到"眼观六路，耳听八方"，即除了观察对方动作外，还需要通过听对方发球的击球声来辅助判断其发球的质量。

（3）面对对方发来的球，脚步无法完成移动并做出适当调整。

产生原因：对来球缺乏方向上的判断；接发时，没有分腿垫步的动作。

纠正方法：根据对方的发球动作和习惯，提前对对方的发球方向作出预判；在对方发球动作的向上挥拍击球阶段，运动员双脚分腿垫步后，快速衔接向前大跨步挥拍击球。

四、接发球练习方法

（1）无球状态下，进行接发球动作练习，直至熟练巩固。

（2）同伴抛球模拟发球，练习者从底线出发分腿垫步（跨越障碍物）并完成接发球多球练习。同伴将球直线抛出，练习者从底线出发分腿垫步跨越障碍物后完成接发球练习。

（3）同伴隔网在发球线附近发球，练习者完成接发球多球练习。应注意发球的落点、力量、旋转、速度等因素，尽量与底线发球相似。

（4）提高接发球实战能力的练习。同伴发球，练习接发球，要求练习者打直线或者斜线球。

（5）多人轮流发球，练习者进行接发球练习。对方多人轮流发球，要求练习者把球回击到指定的区域内，以提高练习者应对不同力量、旋转球的判断与接发能力。

（6）同伴隔网在底线发球，练习者在底线进行接发球实战练习。练习者可练习接发球破网、接发球抢攻、接发球随球上网等战术。

第五章 一"网"无前之冲锋：截击球与高压球

在网球技术中，截击球和高压球是克敌制胜的必备武器，无论是主动上网抑或是被动来到网前，都必须使用截击球或高压球进行回击。一般情况下，来球不是太高，就用截击球技术将球打向球场两侧；当来球较高时，则选择高压球技术将球打向对方场地深区。截击球和高压球都有正、反手之分，在回击不同高度的来球时，在使用手法上亦有所区别。

第一节 截击球技术

一、截击球基本技术

（一）截击球的作用与意义

截击球是指来球过网未落地之前在空中飞行时，凌空把球回击到对方场区的击球技术，又称拦网。截击是积极进攻的一项基本技术，在现代网球比赛中属于重要的得分手段之一。随着网球技术的不断演变，截击球技术显得越来越重要。现代网球运动更强调力量与速度，而截击球是提高击球速度最直接的方法和手段。在单打的发球上网、随球上网等战术中，截击球技术起到关键作用；在双打比赛中，截击球技术更是克敌制胜的必备武器。截击球的特点是缩短球的飞行距离和时间，加快回球速度，扩大回球角度。对初学者而言，学习网前截击不仅能提高球感，而且有助于增加学习网球的兴趣。

（二）动作要领

1. 握拍

大陆式握拍法是截击时握拍方式的不二之选，因为大陆式握拍法对正手和反手截击都同样奏效，不必在正手和反手截击时改变握拍姿势，而且可以处理不同高度的来球。也有一些运动员使用东方式握拍的正、反手截击手法，可保证在正、反手击球时，拍面与球充分有效撞击，能更好地体会到"吃中球"的感觉。无论正手还是反手击球，也无论采用何种握拍法，在击球瞬间都要求手腕固定。

关键点：

- 采用大陆式握拍法；
- 手腕固定。

2. 准备姿势

两脚稍宽于肩平行站立，脚后跟稍稍抬起，身体重心落在前脚掌上，膝关节微屈，以便灵活移动。持拍手采用大陆式握拍，非持拍手轻托拍颈将球拍置于体前，拍头竖起指向前上方，双眼注视前方。（图5-1）

图5-1 截击球准备姿势

关键点：

- 两脚稍宽于肩平行站立；
- 身体重心落在前脚掌上，膝关节微屈；
- 大陆式握拍；
- 球拍拍头竖起指向前上方；
- 双眼注视前方。

3. 引拍

截击球技术的引拍动作要迅速、简捷、幅度小，不管是正手截击，还是反手截击，引拍动作一定要以转肩为主。引拍的弧度尽量缩小，以自己的躯干为参照，球拍不可超过躯干之后。后引球拍时，须配合来球的高度引拍。面对低球时，蹲低膝盖；面对高球时，则抬高膝盖摆好姿势，同时眼睛紧盯来球。

正手引拍时，以身体为轴向右侧转动，球拍略微向后打开，不要超过右肩，身体朝向来球方向，拍面与来球在同一高度并对准来球，拍头高于手腕，手腕固定，眼睛盯球，左手前伸，身体重心移向右脚。（图5-2a）

反手引拍时，以身体为轴向左侧转动，同时左手辅助拍颈将球拍向后拉，拍头竖立，拍底大致指向来球方向，持拍手的肘关节弯曲，球拍置于来球后方，身体重心移向左脚。（图5-2b）

a. 正手截击球引拍

b. 反手截击球引拍

图5-2　截击球引拍

关键点：
- 引拍动作迅速、简捷、幅度小；
- 引拍动作以转肩为主；
- 双眼紧盯来球；
- 身体重心移向来球同侧脚。

4. 挥拍击球

正、反手截击都需要身体的协调，击球时各个关节均应相对固定。正手截击时，右脚蹬地，左脚朝来球方向的侧前方跨出，身体前压，身体重心前移，双肩随着身体重心的前移而向前顶转，腋下保持紧张，肘部微屈，手腕固定，球拍向前、向下推送而形成回击球的一面铜墙铁

壁，击球点保持在身体侧前方，拍面略微向上打开使球产生下旋。（图5-3a）

反手截击时，右脚向前上步，左手离开球拍，持拍手的前臂带动球拍迎击来球，击球点在身体左侧前方，比正手截击更靠前。（图5-3b）

a. 正手截击球挥拍击球

b. 反手截击球挥拍击球

图5-3　截击球挥拍击球

通常情况下，拍面在截击触球时略微向上打开，这更易于体会到"吃中球"的感觉。但截击高点球时，需要将拍面接近垂直于地面位置击球。一般来说，击球点位置越低，拍面就越接近水平；击球点位置越高，拍面就越接近垂直。同时，球拍的触球部位也由球的后中下部至球的后中部依次发生变化。

关键点：
- 截击时，球拍向前、向下推送；
- 正、反手截击分别向侧前方跨出异侧脚；
- 拍面随着击球点的变化而依次发生变化；
- 紧握拍柄，固定手腕。

5. 随挥

截击的随挥动作短促、简练、干脆，触球后做短促、有力的推送即可。完成推球动作时，球拍几乎与球网平行、随挥不超过身体中轴线（图5-4a、图5-4b）。来球速度越慢，随挥动作就要越长；来球速度越快，随挥动作就要越短，借力撞击的效果就越明显。

a. 正手截击球随挥　　　　　　　　b. 反手截击球随挥

图 5-4　截击球随挥

关键点：

- 随挥动作短促、有力；
- 身体重心随着蹬地上步而向前转移；
- 球拍随挥不超过身体中轴线。

二、截击球知识拓展

截击球技术在网球运动中运用十分广泛，无论单打还是双打都是"解决战斗"的有效手段，特别在双打中更是使用频繁，且在场地的任意位置都可以使用这一技术。因此，在实践中截击球技术演变出高位截击、低位截击、抽击球截击、挑高球截击、截击放短等多种多样的变化。对待不同的来球，应该在使用截击球技术上有所变化，主要体现在8个方面。

（1）根据对方来球速度，决定截击时的发力程度。来球较慢应发力前推，来球较快则借力推挡。

（2）根据来球高度，决定球拍拍头上翘幅度和拍面打开程度。来球越高，拍头越向上翘起，拍面与地面越接近垂直；来球越低，拍头越降低，拍面越打开接近水平。

（3）抽击截击时，采用西方式或半西方式握拍。运动员位于球场的中前场，来球高度高于球网，应采用正、反手抽击球动作在球尚未落地前，将球回击过网。

（4）在中场截击时，要将球朝前打出去。尤其是在发球线附近更要注意向前击打，以避免回球下网。

（5）截击半高球时，要注意拍头向上，截击路线向前、向下。既避免回球下网，又能把球的落点打深，使球更具威胁，达到好的回球效果。

（6）截击低球时，拍面须后仰，两腿深屈，膝关节几乎碰地，用短促的向前撞击动作将球打向对方场内的深处。

（7）当对方来球朝向运动员身体时，一般采用反手截击的方式在胸前进行挡击。此时，若球速较快也可采用向后撤步的方式为自己赢得充裕的回球时间和空间。

（8）挑高球截击时，将拍面充分打开，保持球拍高度低于来球高度，采用由低到高、由后往前的方式，击打球的后中下部，将球高高击出，使其越过对方运动员。

三、常见错误及纠正方法

（1）不能用球拍的甜区击打来球，有时球打在球拍边框上。

产生原因：握拍方式错误，或球拍拍面打开过大。

纠正方法：应采用大陆式握拍，触球时，保持手腕稍向后屈，球拍拍头略微上翘，眼睛紧盯来球。

（2）球拍接触球后，无法控制球的飞行方向。

产生原因：触球部位总是位于球体后下方，未根据实际需求做出调整；拍面朝向未做出相应改变。

纠正方法：当需要做出击球线路的调整时，触球部位应向左或右侧做出变化；触球时，球拍拍面应朝向球即将击出的方向。

（3）向后引拍幅度过大。

产生原因：技术概念错误，截击时想利用手臂大力向前挥拍；未形成截击动作的动力定型，手臂习惯性地像抽击球一样后摆。

纠正方法：建立正确的技术概念，即截击是转体＋短引拍＋身体重心前移的合力结果；背靠挡网反复练习截击球技术的模仿动作及击球练习。

（4）击球绵软无力，不能产生强而有力的截击球效果。

产生原因：未借助来球速度和力量；球拍向前推送的速度欠缺；由于非支撑脚未大步向前跨出，身体重心未向前迎击来球，致使身体重心滞后；截击时机晚，未在来球高于球网的位置击球。

纠正方法：反复进行上臂向前推送球拍练习，球拍主动撞击球体，以保证球拍具备较高的初速度；非支撑脚大步向前跨出，身体和球拍一起向前迎击来球；运动员快速来到网前，在高于球网的高度完成截击动作。

四、截击球练习方法

（1）练习者进行徒手截击动作模仿练习，然后再持拍模仿截击练习。

（2）进行截击动作和步法相结合的练习。练习者边移动边进行正手截击动作和反手截击动作的交替模仿练习。

（3）同伴隔网抛球，练习者在网前进行徒手抓球练习。同伴抛球瞬间，练习者分腿垫步，在球飞向身体附近时上步抓球。无论球飞向身体的哪个方向，练习者都要用持拍手抓球。

（4）同伴隔网抛球，练习者利用板式网球拍进行击球练习。练习的目的是体会球拍"吃中球"的感觉。

（5）同伴网前抛球，练习者进行中前场多球截击练习。同伴将球抛向不同的方向和不同的高度，练习者积极移动脚步将不同线路的来球截击过网。

（6）同伴隔网在底线用球拍送球，练习者进行中前场多球截击练习。同伴在底线送出不同的方向和不同的高度的球，练习者积极移动脚步，将不同线路的来球截击到对方场地的深区。

（7）进行正、反手对墙截击练习。随着对墙练习熟练程度地提高，练习者逐渐与墙拉开距离，进行正、反手截击练习。

（8）两位练习者在网前相距3米左右，进行直线的连续正、反手截击练习。或者两位练习者在网前相距4米左右，沿斜线隔网站立，交替进行正、反手连续截击练习。

（9）两位练习者隔网"一网一底"[①]进行来回球练习。一位练习者在网前进行截击球练习，另一位练习者在底线进行抽击球练习。通过提高截击的难度，练习反应和判断能力。

（10）两人对一人连续截击球练习。练习者站在网前，进行2对1

---

① 指运动员在网球场内的位置，一位在网前，另一位在底线。——编者注

的连续截击练习；或两人在底线，与网前一人进行底线抽击球与网前截击球的连续对攻练习。

（11）模拟双打比赛中"一网一底"的组合练习。练习者隔网站立，首先进行2对2的网前相互连续交替截击球练习，可采取碰到直线球的练习者以斜线球回击、碰到斜线球的练习者以直线球回击的练习方法。然后，让打直线球的练习者与打斜线球的练习者交换练习。

第二节　高压球技术

一、高压球基本技术

（一）高压球的作用与意义

高压球是指在头顶用扣压的动作完成的一种击球方式。在网球比赛中，当来到前场击球，对手常用挑高球调动你，但如果掌握了高压球技术，给对方一个落点刁、力量大的高压球并得分，就会起到震慑对手使其改变比赛策略的作用。这样既能增加上网击球的信心，使自己达到比赛的兴奋点，进入最佳竞技状态，又能使对手产生畏惧心理，打击对手士气。但是，如果对手意识到你的高压技术较差，则会频频使用挑高球战术，让你无计可施，甚至输掉比赛。一记完美的高压球取决于对来球线路的预先判断、快速而灵活的移动、击球时机的准确把握、击球力量和落点的精准控制等因素。

（二）动作要领

1. 握拍

高压球的握拍可以根据运动员的发球握拍而变化，即采用大陆式或东方式的正手握拍法。握拍时整个手臂放松，以能高效、舒适进行下压动作为宗旨。

关键点：

·采用大陆式或东方式握拍；

·握拍时整个手臂放松；

·以能高效、舒适地打出高压球为宗旨。

2. 准备姿势

两脚开立略宽于肩，脚后跟稍稍抬起，身体重心位于两脚之间，膝关节微屈，以便灵活移动。屈肘并将球拍置于体前，拍头竖起指向前上方，双眼注视前方，随时准备侧身击球。（图5-5）

图5-5　高压球准备姿势

关键点：

- 两脚开立略宽于肩；
- 身体重心落在前脚掌上，膝关节微屈；
- 屈肘，将球拍置于体前，拍头竖起指向前上方；
- 双眼注视前方；
- 随时准备侧身击球。

3. 引拍

高压球的引拍类似于羽毛球的扣杀准备动作，大体概括为：快速侧身站立，膝关节微屈，身体重心移至后脚；持拍手经体侧向后抬起，将球拍放至脑后偏上位置；非持拍手上举起指向来球，同时保持身体平衡；头部向上抬起，眼睛紧盯来球。引拍动作结束时，持拍手的肘部、上臂到非持拍手的手部大致可画作一条直线。（图5-6）

图5-6 高压球引拍

关键点：

· 侧身站立，膝关节微屈，身体重心移至后脚；

· 持拍手经体侧向后抬起，将球拍放至脑后偏上位置；

· 非持拍手上举起指向来球，同时保持身体平衡；

· 头部向上抬起，眼睛紧盯来球。

4. 挥拍击球

当来球接近击球区域时，后脚蹬地发力，由躯干带动肩部的回转，快速向前上方挥动手臂；在手臂带动下，拍头快速向前、向上挥动。击球时，大、小臂完全伸展于高点触球，小臂旋内以做到拍面平击来球。如果要采用跳起扣杀，运动员击球时的前、后脚要在空中交换，落地时非发力脚先落地，同时右脚向前跨以准备下一次击球。近网高压球击球点可偏前，便于下扣动作的完成；远网后场高压的击球点可稍后些，击球动作向前下方挥击，以防下网。击球后的跟进动作应像发球动作一般完整而流畅，起跳高压时要注意保持身体的平衡。（图5-7）

图 5-7 高压球挥拍击球

关键点：

- 后脚蹬地发力，由躯干带动肩部回转，快速向前上方挥动球拍；
- 随着蹬地、挥拍动作的进行，身体重心由后向前转移；
- 大、小臂完全伸展于高点触球，小臂旋内以使用拍面平击来球；
- 控制拍面与来球垂直，与球网平行。

5. 随挥

小臂继续旋内，上身随球继续向前屈体，身体重心前移至前脚上，挥拍于身体左侧结束，非持拍手回收以保持身体平衡。（图 5-8）

图 5-8 高压球随挥

关键点：
- 小臂继续旋内，上身随球前屈；
- 身体重心完全移至前脚；
- 击球动作于身体左侧结束。

二、高压球知识拓展

高压球和截击球一样，属于典型的中前场击球技术，是高效的克敌制胜手段。根据高压球技术使用的时机和地点不同，可以分为近网高压球、中场高压球、后场高压球等多种技术类型。根据使用高压球技术时的球是否落地，可将高压球分为落地高压球和凌空高压球两种。根据高压击球时球与人体的关系，可以分为正手高压球和反手高压球两类。但不管哪种类型，其击球动作结构都基本相同。本书仅对使用频率较高的近网高压球、落地高压球和反手高压球进行介绍。

（一）近网高压球

当对方挑高球落点位于发球线附近，快速迎前使用高压球技术，将球大力扣杀到对方场地内，就是近网高压球。击打这种高压球可以让击球点适当偏前，大力向下扣压，使球产生较高的弹跳和较大的角度，争取最好的击球效果。采用近网高压技术时，球落地或不落地皆可，如何选择取决于使用该项技术的时机。

（二）落地高压球

落地高压球是指对方挑出高球后，由于光线、风向或者高度的影响，不能直接进行高压，而要等球落地后再击打的高压球。对这种球进行高压时，在球落地前运动员要迅速移动，尽量保证人迎着来球的飞行轨迹，提前侧身对球网，球落地前做好举拍动作，球落地后迅速使用高压技术进行高压击打。在击打落地高压球时，还应注意以下两点。

（1）高球的落点和击球角度：对方挑高球的落点有深、浅之分，对于临近网前落地的球，可以利用手腕快速下压并打出角度；但如果球的落点很深，由于球的飞行线路较长，过度下压手腕会导致击球下网，此时击打高压球，则要通过多拍大角度高压球进行过渡处理。

(2) 半高球与上旋球的处理：落地球出现在网前并且弹跳不够高时，应屈膝下蹲再高压扣杀；对方挑高球为上旋球时，尽量不要等球落地，如果非要进行落地高压，则在高压时尽量向后跳起以同时完成高压击球动作。

（三）反手高压球

反手高压球不易发力，且技术难度较大，故在比赛中应尽量避免使用。当对方挑高球至左侧场边线，被迫使用反手高压球时，应及时向左侧身，提肩抬肘，球拍拍头下垂，低于手腕、肘关节；击球时，左脚蹬地，展肩、抬肘，迅速带动小臂和球拍向前上方挥出，手腕紧固于左上侧，延展手臂，伸腕下压完成击球动作；击球后，球拍顺势向前、向下。

三、常见错误及纠正方法

（1）无法击打到来球。

产生原因：脚步移动不到位，或对物体的空间位置判断不准确，或出手时机选择错误。

纠正方法：无球状态下，进行脚步移动练习；站立于中前场，眼睛紧盯来球，左手上举，侧身移动，进行用左手接住来球的练习；进行模拟高压击球动作练习，持拍手徒手向前上方甩出，在身体侧前方高点抓住来球。

（2）击球后，球无法落在场内。

产生原因：击球点太靠后；击球时手臂、手腕僵硬，不能柔和地做出屈肘、扣腕的鞭打动作。

纠正方法：快速移动，使来球位于身体侧方稍靠前的位置，及时做出挥拍击球动作；加强屈肘、扣腕动作练习，球场内设置标志物，要求必须屈肘、扣腕击球并让球能击中该标志物。

四、高压球练习方法

（1）原地持拍，模拟高压球练习。练习者可对着镜子进行高压球挥拍动作，以增加对动作正确性的自我认识。

（2）在球场内移动，模拟高压球练习。将球拍在网带上轻拍一次后,练习者用侧后交叉步法向后场移动,并做一次蹬跳的高压击球动作。

(3) 球场内高压球练习。练习者站立于网前,自己将网球高高抛起,同时举起球拍,略微调整步法,击出高压球。

(4) 单人对墙高压球来回练习。练习者对墙6米左右站立,发球击向墙根前1米左右的地面,待球从墙反弹飞向空中时,用高压球技术将球击向墙根地面,待球又弹向空中时,再次练习击打高压球。以这种方式连续练习高压球时,应注意要由轻到重、由远到近地击球。

(5) 同伴在发球线附近送球,练习者网前用非持拍手抓球练习。要求练习者用非持拍手直臂上举,将球接住。

(6) 同伴在发球线附近挑高球,练习者徒手网前做高压球挥拍击球动作,用持拍手进行抓球练习。要求练习者用持拍手向前挥出直臂将球抓住。

(7) 同伴在发球线附近送前场高球,练习者网前进行高压球练习。练习者在发球线附近站立,并用高压球技术将球打向对方球场区域。

(8) 同伴在底线附近挑高球,练习者网前进行高压球练习。练习者在发球区交叉步调整步法,并用高压球技术将球打向对方球场的定点标志区域。

(9) 同伴在底线附近挑高球,练习者中前场进行高压球练习。练习者在中前场通过步法调整并用高压球技术将球击回,待位于底线的同伴将球再次挑起后进行下一次高压球练习,依此进行多球练习。

第六章　有的放矢之抉择：
放小球与反弹球

第一节　放小球技术

一、放小球基本技术

（一）放小球技术的作用与意义

放小球是一项在比赛中不经常使用的击球技术。它是把球打到对方场区靠近网的位置，以调动对方、突袭制胜的一种手段。放小球要求具有良好的球感和控球能力，既要放得稳，又要放得准。该技术掌握得好，可丰富自身战术打法，以达到调动对方、争取主动得分的目的。

放小球是否成功取决于球过网后落地的远近、位置的高低、角度的大小、动作的隐蔽程度，以及对方的位置和反应速度等。使用该技术时，用切削动作使球下旋并减速而轻轻过网，在对方前区落下。放小球应做到突然、隐蔽，在比赛中使用次数不宜过多。

（二）动作要领

1. 握拍

放小球时由于要打出下旋球，击球时拍面必须开放，所以一般采用东方式或大陆式握拍法。采用这两种握拍法可以很自然地将拍面向上打开，使球获得足够的下旋。为保证放小球动作的隐蔽性和突然性，原则上在向后引拍的时候还应保持在底线击球的握拍法，只有在向前击球的瞬间才将握拍方式进行转换，避免让对方过早察觉击球意图。

关键点：
・击球引拍采用底线握拍方式；
・向前挥击瞬间转换握拍方式（东方式或大陆式）。

2. 准备姿势

击球前的准备姿势与击落地球时一样。面对球网，双脚开立略宽于肩部，双膝微屈，上身微微前倾，身体重心落在前脚掌上，右手握拍，左手轻托拍颈，双肘微屈，双手自然置于体前，拍面略微倾斜放于身前，拍头向前上方，双眼平视前方，注意力集中准备迎击来球。（图6-1）

图6-1 放小球准备姿势

关键点：

- 身体正对球网；
- 双脚分开略比肩宽；
- 膝关节微屈，身体重心在前脚掌上；
- 球拍置于体前，左手轻托拍颈。

3. 引拍

向后引拍动作和正、反手底线击球类似，身体向侧转动同时向后引拍，拍头向上，整个拍面高于击球点的高度，双眼紧盯来球，使对方无法在引拍的动作上对本方的意图作出判断。虽然放小球的后引不必很大，但要给对方一个印象，看起来你准备打一个深球，不管是打斜线球还是直线球，其准备动作都是一样的。（图6-2a、图6-2b）

a. 正手放小球引拍　　　　　　b. 反手放小球引拍

图 6-2　放小球引拍

关键点：

- 身体转动向后引拍；
- 球拍拍头向上并高于击球点；
- 双眼紧盯来球。

4. 挥拍击球

挥拍击球时，转换握拍为放小球所需的方式，身体侧对球网，眼睛紧盯来球，拍面稍向上打开，将球拍从后上方向前下方挥出，于腰部高度触击球的侧后下部，从球的侧下方向前滑动，使球产生侧下旋转。放小球的关键是将球拍从后上方向前下方挥动，以轻微的切削动作使球减速，持拍手臂的肘关节略微弯曲，轻触球的侧后下方使其旋转。这样不仅有利于控制球，而且能在球落到对方场区时减小球的前冲力。（图 6-3a、图 6-3b）

关键点：

- 准备放小球瞬间转换握拍方式；
- 挥拍时，球拍的速度由快到慢；
- 从后上方向前下方挥出球拍；
- 触球时，拍面稍微打开，肘关节微屈，腕关节适当放松；
- 击球点位于体侧腰部高度。

有的放矢之抉择：放小球与反弹球 第六章

a. 正手放小球挥拍击球　　　　　　b. 反手放小球挥拍击球

图 6-3　放小球挥拍击球

5. 随挥

击球后，球拍朝向球出去的方向做较短的随挥，身体重心向击球方向跟进（图 6-4a、图 6-4b），随挥动作应自然、协调、连贯，之后迅速跑到球场的有利位置上准备下一次击球。

a. 正手放小球随挥　　　　　　b. 反手放小球随挥

图 6-4　放小球随挥

关键点：

- 随挥动作幅度较小；
- 随挥动作结束时，拍面仍然打开；
- 身体大致面向球网，并保持身体平衡。

· 117 ·

二、常见错误及纠正方法

（1）小球放得过高、落点过深。

产生原因：放小球技术使用时机不恰当；由于卸力不够，对球施加的向下摩擦力太小，致使球体下旋不足。

纠正方法：当对方击球落点较浅的时候，使用该项技术；后摆动作不宜过大；触球时，手腕放松，沿球体向下方滑击，使球产生急剧下旋，随挥动作较短。

（2）放小球经常下网。

产生原因：击球时机较晚，导致触球时球离地面高度太低；站位太靠近底线，因而较难控制击球力度。

纠正方法：放小球技术使用的时机一定要恰当，应争取在站位比较靠前、球离地面的高度高于球网时使用。

（3）容易暴露放小球意图，不能起到出其不意的击球效果。

产生原因：放小球时，换握拍时间太早，引拍动作不够隐蔽。

纠正方法：使用放小球技术前的引拍应尽量隐蔽，以免被对方提前判断；通常在出手击球的一瞬间才转换握拍方式，让对方来不及做出足够的反应。

三、放小球练习方法

（1）在网前进行放小球练习。练习者位于发球线附近，自己抛出落地球，在球落地高点进行放小球练习。

（2）对墙进行抽击球和放小球相结合的组合练习。练习者在离墙较近的地方，进行正、反手抽击球与放小球相结合的练习。拍面稍打开，将球轻轻推送到较高的位置，使球轻轻触碰墙面。

（3）同伴在发球线附近进行送球，练习者在中前场进行放小球练习。同伴将球稍高送至练习者的前场，练习者在球的高点将球轻轻放过网，要求放出的球落点离球网越近越好。

（4）同伴在底线附近进行送球，练习者移动中进行放小球练习。同伴在底线将球送至练习者的中场，练习者从底线向前移动，在球的高点击球并将球轻轻放过网。

（5）两位练习者在前场进行互放小球练习。两位练习者隔网站立于球网附近，采用放小球技术将球回击过网，进行来回球练习。

（6）同伴在底线附近回击球，练习者移动中进行放小球练习。同伴在底线进行正、反手抽击球练习；如遇到同伴回球较浅，练习者有意识地将球轻放过网。

第二节　反弹球技术

一、反弹球基本技术

（一）反弹球的作用与意义

反弹球是在来球落地后弹起瞬间，利用球与球拍的撞击，将球弹击过网的一项过渡性击球技术。其主要用来回击对方将球打在脚下，或在发球上网和随球上网的过程中，被迫回击刚从地面弹起的低球。反弹球技术是一项技巧性很强的技术动作，一般情况下应尽量避免使用，但对于那些上网型打法的运动员而言，反弹球技术显得尤为重要。

（二）动作要领

1. 握拍

正、反手反弹球握拍均采用大陆式握拍法。这种握拍法的最大优点是正、反手都可以使用，而且与发球、截击和高压的握拍基本相同，在快速移动击球时不需转换握拍。

关键点：

· 正、反手都采用大陆式握拍。

2. 准备姿势

眼睛注视对方来球，当判断来球需要打反弹球时，身体重心逐渐降低，手腕固定住球拍，拍头对准来球，准备做下蹲跨步迎击球的动作。（图6-5）

图 6-5　反弹球准备姿势

关键点：
- 身体正对球网；
- 双脚分开，略比肩宽；
- 膝关节微屈，身体重心位于前脚掌；
- 球拍置于体前，非持拍手轻托拍颈。

3. 引拍

当判断需要击打反弹球时，运动员应立即转体，由转肩带动短促的后摆引拍动作，球拍尽早后摆，后摆的幅度不要太大，屈膝降低身体重心，保持下蹲姿势，球拍的一侧拍框贴近地面。如果准备用正手击反弹球，左手指向来球，左肩对网，左脚向前跨步，右脚弯曲，身体前倾（图6-6a）；如果准备用反手击反弹球，则右肩对网，右脚向前跨步，左脚弯曲，身体前倾（图6-6b）。

关键点：
- 身体转动，向后引拍；
- 下蹲，降低身体重心；
- 球拍处于较低的位置；
- 双眼紧盯来球。

a. 正手反弹球引拍　　　　　b. 反手反弹球引拍

图 6-6　反弹球引拍

4. 挥拍击球

击球时，运动员眼睛紧盯来球，手腕与小臂紧固，拍头与地面平行，拍面垂直于地面或略打开。一般离球网越近，拍面越打开；离球网越远，拍面就越接近垂直于地面。击球点在前脚的侧前方，整个击球动作是由下向上方挥动，使球略带上旋。（图 6-7a、图 6-7b）

a. 正手反弹球挥拍击球　　　　b. 反手反弹球挥拍击球

图 6-7　反弹球挥拍击球

关键点：

- 降低球拍，由后下向前上方挥出；
- 击球瞬间，手腕和前臂固定，拍面与地面垂直或微微打开；
- 向前迈腿，身体重心向前转移，始终保持较低的身体重心；
- 击球点保持在身体侧前方。

5. 随挥

随挥动作协调柔和，既不像底线正、反手抽击球那样舒展，又不像截击球那样短促而有力。伴随挥拍动作，身体重心前移，身体由深蹲交叉步姿势站起，迅速准备下一次击球动作。一般离球网越近，随挥动作就越小越短；离球网越远，随挥动作就越大越长。（图6-8a、图6-8b）

a. 正手反弹球随挥

b. 反手反弹球随挥

图6-8 反弹球随挥

关键点：
- 保持较小幅度地向前上方挥拍；
- 保持好身体平衡。

二、常见错误及纠正方法

（1）击球点过高，造成击打反弹球时不好借力。

产生原因：击反弹球时，运动员身体重心不下降，只是将球拍拍头垂下，把球"舀"过网。

纠正方法：面对同伴抛送的低平球，练习者快速上步，降低身体重心，击打反弹球；面对网球墙正、反手抽击平击球后，快速向球的反弹落点靠近，降低身体重心上步，挥拍击球。

（2）回击球过浅、过高。

产生原因：击球时，手腕松动使球与球拍撞击不实；球拍拍面过于向上打开。

纠正方法：击球时，紧固手腕，减小球触拍面瞬间球拍的晃动；调整击球动作节奏、时机和击球位置，适当减小击球拍面角度。

（3）回击球下网。

产生原因：拍面向下关闭太多，球拍触球时，球的反弹高度太低。

纠正方法：找准时机，在球落地瞬间保证拍面迎着球的飞行方向击打；击球时，拍面略微打开，尽量保证球拍与地面处于平行。

三、反弹球练习方法

（1）在网前进行反弹球练习。练习者在发球线附近，自己抛出落地球，在球落地反弹瞬间将球反弹过网。

（2）对墙进行抽击球和反弹球相结合的组合练习。练习者在离墙较近的地方，进行正、反手抽击球与反弹球相结合的练习，要求找准球的落点，在球弹起瞬间将球推送出去。

（3）同伴在发球线附近送球，练习者在中前场进行反弹球练习。同伴将球低平送至球场中前场练习者的脚下；练习者在球落地反弹瞬间，将球反弹过网。练习时应借力击球，将球反弹至对方球场底线深区。

（4）两位练习者在中前场进行反弹球练习。两位练习者位于中前场，采用反弹球技术进行来回球练习。

（5）同伴在底线附近回击球，练习者在中前场进行反弹球练习。同伴在底线回击低平的过网急坠球，练习者位于中前场练习及反弹球技术。反弹球落点要深，位于底线的同伴再次将球回击过网，练习者再次将球反弹过网，并依此反复练习。

第七章 应对自如之技巧：挑高球

挑高球技术是把对方来球向空中挑起，使其落入对方球场后端，为本方赢得回位时间或直接得分的一种技术。挑高球可以是防守性的，这种高球飞行轨迹的弧线很高，通常从一边的底线挑到另一边的底线，常用来摆脱困境，以赢得回位的时间；它也可以是进攻性的，其意图是直接得分。高质量的挑高球，既能破坏对方进攻节奏、避开对方截击球等进攻手段，又能使本方摆脱困境，进而给本方创造有利的上网机会。随着现代网球技术的日趋丰富，挑高球技术已由单纯的防守性技术逐渐发展成为能够得分的进攻性技术。根据击球手法不同而使球产生的不同旋转，可将挑高球分为上旋挑高球和下旋挑高球；根据其性质可以划分为进攻性挑高球和防守性挑高球。从一般意义上来说，进攻性挑高球多指上旋挑高球，防守性挑高球多指下旋挑高球。

第一节 进攻性挑高球技术

一、进攻性挑高球基本技术

（一）进攻性挑高球的作用及意义

进攻性挑高球，是在击球前拍头低于来球，击球时抖动手腕，通过手腕与前臂由后向前上的弧形鞭打动作，使球剧烈向前旋转，从而产生较大的威慑力。进攻性挑高球飞行轨迹的弧线稍低，常用在对方上网时，本方既能打两边破网，又能挑高球的有利局面上。如果挑得好，球落入对方后场深区，且落地后反弹极快、前冲力较大，使对方没有时间跑回去把球救起。因此，进攻性挑高球又称为上旋挑高球。

（二）动作要领

1. 握拍

对于正手进攻性挑高球来说，采用东方式、半西方式或西方式握拍法，半西方式和西方式握拍可以打出上旋更强烈的上旋球。双手反手进攻性挑高球右手采用东方式反手握拍法，左手采用东方式正手握拍法。

关键点：

- 正手采用东方式、半西方式或西方式握拍法；
- 双手反手握拍时，右手采用东方式反手握拍法，左手采用东方式正手握拍法；
- 双手轻持球拍拍柄，持拍手臂保持松弛；
- 球拍拍头高于拍柄，置于身体中间；
- 双臂肘关节自然置于身体两侧。

2. 准备姿势

无论是正手挑高球还是反手挑高球，其站位及准备姿势都与底线正、反手抽击球的准备姿势相同。正对球网，双脚开立略宽于肩，双膝微屈，上身微微前倾，身体重心落在前脚掌上；右手握拍，左手轻托拍颈，双肘微屈，双手自然置于体前，拍面略微倾斜放于身前，拍头向前上方；双眼平视前方，注意力集中准备迎击来球。（图7-1）

图7-1 进攻性挑高球准备姿势

关键点：

- 身体正对球网；
- 双脚分开略比肩宽；
- 膝关节微屈，身体重心落在前脚掌上；
- 球拍置于体前，左手轻托拍颈。

3. 引拍

正手进攻性挑高球，在球离开对方球拍时，上步转肩向后做弧形引拍动作，其基本要求和正手底线击球技术一致。（图7-2a）

双手反手进攻性挑高球，其引拍动作与打双手反手抽击球一样，侧身转肩，右脚向前跨出，身体重心在左脚。（图7-2b）

a. 正手进攻性挑高球引拍　　b. 双手反手进攻性挑高球引拍

图7-2　进攻性挑高球引拍

关键点：

- 侧身转肩，同时向后引拍；
- 身体重心在击球前位于后脚；
- 引拍结束时，球拍拍形和底线抽击球相同；
- 双眼紧盯来球。

4. 挥拍击球

在正手进攻性上旋挑高球挥拍击球时，运动员由后下向前上挥动球拍。在球拍接触球瞬间，拍头低于手腕的位置，运动员采用手腕与前臂的旋内动作，向上摩擦球体的后部，做弧形鞭打运动以加强球拍对球的擦击，使球产生强烈上旋。此时，击球点在身体侧前方，比正手下旋挑高球的击球点稍微高一点。（图7-3a）

而在双手反手进攻性挑高球击球时，运动员转髋转腰，球拍由后下向前上方挥出，拍面尽量垂直于地面，拍头略低于手腕。通过手腕与前臂的强力旋内动作触击球的中部或中下部，向上摩擦球体的后部以产生上旋和增加球的飞行高度。（图7-3b）

a. 正手进攻性挑高球挥拍击球　　　b. 双手反手进攻性挑高球挥拍击球

图7-3　进攻性挑高球挥拍击球

关键点：

· 降低身体重心，膝关节微屈；

· 后脚蹬地，身体重心前移；

· 挥拍轨迹从后往前，从上往下再从下往上做弧形挥拍；

· 拍面要垂直于地面，拍头低于手腕的位置，手腕与前臂采用旋内动作。

5. 随挥

无论是正手挑高球还是双手反手挑高球，击球后，球拍须朝着设想的出球方向跟进，随挥动作要完整、舒展，并结束于击球点的身体异侧。随着随挥动作的完成，保持身体的平衡且身体重心落在前脚，身体面向球网。（图7-4a、图7-4b）

a. 正手进攻性挑高球随挥　　　　b. 双手反手进攻性挑高球随挥

图 7-4　进攻性挑高球随挥

关键点：

- 向前上方充分随挥；
- 随挥动作放松、自然，动作结束于左（右）肩上方；
- 身体重心落在前脚。

二、进攻性挑高球的种类

（一）正手上旋挑高球

正手上旋挑高球时，多采用东方式、半西方式或西方式握拍法，半西方式和西方式握拍可以打出上旋更强烈的上旋球。向前击球时，运动员由后下向前上急速挥动球拍。在球拍接触球瞬间，拍头低于手腕的位置，采用手腕与前臂的旋内动作，做弧形鞭打运动以加强球拍对球的擦击，使其产生强烈上旋。

（二）单手反手上旋挑高球

单手反手上旋挑高球时，多采用东方式反手握拍或半西方式反手握拍。击球前，让拍头降得非常低，使球拍"陷"入来球下方，以完成较大幅度的挥拍动作。通过转体、顶肩、伸臂、带腕等一系列动作，带动球拍击打球的后中部。在触击球的瞬间，以肩膀为杠杆支点，急速挥动手臂及手腕，并尽量向前、向上随球挥拍，使球产生极大的旋转。在右手向前、向上挥拍的同时，左手向后方打开，做反向平衡动作，用以保持身体的平衡、提高击球的稳定性。

（三）双手反手上旋挑高球

双手反手上旋挑高球时，采用双手反手抽击上旋球的握拍法。向后引拍动作与双手反手抽击球时一样，侧身转肩，右脚向前跨出，身体重心在左脚。击球时，左脚蹬地、转髋转腰，球拍由后下向前上方挥出，拍面接近垂直于地面，拍头略低于手腕。通过手腕与前臂的强力旋内动作，触击球的后中部或后中下部，向上摩擦球体以产生上旋和增加球的飞行高度。击球后，球拍朝着设想的出球方向跟进，随挥动作流畅、自然，并于肩膀上方结束，保持身体的平衡，且身体面向球网。

三、常见错误及纠正方法

（1）动作不够隐蔽，使对方早有准备。

产生原因：对自身挑高球技术缺乏信心，为了保证能挑出高球，过早暴露准备挑高球的意图。

纠正方法：加强底线各项技术练习，达到技术动作能自动化完成；击球前的准备动作和抽击球一样，击球时，拍头从下往前上方急速摩擦球体后中部，避免过早暴露战术意图。

（2）挑球不够高、不够深。

产生原因：没有从下向上充分摩擦球体，球拍飞行轨迹过于平直。

纠正方法：挥拍击打到球前，充分保证手腕高度低于来球，拍头高度低于手腕，在击球瞬间加大拍头和球的摩擦，将拍头从后下方向前上方充分挥出，尽量向对方底线附近将球挑起。

四、进攻性挑高球练习方法

（1）练习者在掌握底线正、反手上旋球的抽击技术后，进行进攻性挑高球的持拍模仿动作练习。

（2）练习者自己抛球，在底线附近进行进攻性挑高球练习。练习者在底线抛落地球，采用进攻性挑高球技术将球高高挑起。

（3）同伴在发球线附近送球，练习者进行底线进攻性挑高球练习。同伴在发球线附近送多球，多球的球速由慢到快，位置由中间到两边，练习者用正、反手进行进攻性挑高球练习。

（4）同伴在底线附近送球，练习者在底线进行进攻性挑高球练习。同伴将球送出高球或者低平的快球，练习者采用进攻性挑高球技术将球挑起。

（5）同伴在底线附近抽击球，练习者在底线进行进攻性挑高球练习。同伴在底线将球以低平的方式抽击过网，练习者则采用进攻性挑高球的方式将球回击到同伴的底线深区。

（6）同伴在中前场进行高压球练习，练习者在底线进行进攻性挑高球练习。同伴在底线中间，练习者在网前中间，双方进行可控性的高压球和进攻性挑高球练习。要求尽量做到连续多回合不失误。

（7）同伴在底线进行高压球练习，练习者在底线进行进攻性挑高球练习。同伴用高压球技术分别向练习者场内左侧、中路、右侧高压击球，在底线的挑高球练习者迅速移动，并挑进攻性高球到同伴的后场，再让同伴用高压球进行回击，依此反复练习。

第二节　防守性挑高球

一、防守性挑高球基本技术

（一）防守性挑高球的作用及意义

当比赛处于被动局面时，如果没有充足的时间准备而要应对来球，或者是被对方的来球牵制而在不理想的站位准备回球等情况下，应选择防守球进行过渡，而下旋挑高球就是防守过渡的不二之选。与进攻性挑高球相比，下旋挑高球不需要太多的准备时间，打出的球会更高，落点也会更深，运动员有充分的时间调整站位从而达到防御对方进攻的目的。因此，当需要为自己争取时间、摆脱困境时，下旋挑高球是很好的击球方法。

（二）动作要领

1. 握拍

正手下旋挑高球和单手反手下旋挑高球均可采用大陆式握拍法或东方式反手握拍法。

关键点：
- 在向后引拍时，采用底线击球握拍方式；
- 向前挥击过程中，快速完成握拍方式的转换；
- 采用大陆式握拍法或东方式反手握拍法。

2. 准备姿势

无论是正手挑高球还是反手挑高球，其站位及准备姿势均与底线正、反手抽击球的准备姿势相同。双脚开立略宽于肩部，双膝微屈，上身微微前倾，身体重心落在前脚掌上；右手握拍，左手轻托拍颈，双肘微屈，双手自然置于体前，拍面略微倾斜放于身前，拍头向前上方；双眼平视前方。（图 7-5）

图 7-5　防守性挑高球准备姿势

关键点：
- 身体正对球网；
- 双脚分开略比肩宽；
- 膝关节微屈，身体重心在前脚掌上；
- 球拍置于体前，左手轻托拍颈。

3. 引拍

在球离开对方球拍时，运动员上步转肩向后做弧形引拍动作。转肩向后引拍时，球拍要低于预期的击球点，膝关节微屈，并保持身体平衡。(图7-6a、图7-6b)

a. 正手防守性挑高球引拍　　　　b. 双手反手防守性挑高球引拍

图7-6　防守性挑高球引拍

关键点：
- 侧身、上步转肩，同时向后引拍；
- 在击球前，身体重心位于后脚；
- 引拍动作和底线抽击球的引拍相同；
- 双眼紧盯来球。

4. 挥拍击球

保持膝关节弯曲，两脚前后开立，通过后脚蹬地转体向前挥拍。挥拍时，拍面向上打开，将球拍从后上往前下，进而从下往上做弧形"推切"方式挥动，击打球体后中下部，并通过微微向下摩擦球体的后中下部使其产生下旋。身体重心随着蹬地动作而向前转移，击球点位于身体侧前方、腰部高度。一般来说，拍面打得越开，球的飞行轨迹就越高。但是如果拍面过于开放，回球的深度就会相应受到影响。(图7-7a、图7-7b)

a. 正手防守性挑高球挥拍击球　　b. 双手反手防守性挑高球挥拍击球

图 7-7　防守性挑高球挥拍击球

关键点：

· 降低身体重心，膝关节微屈；

· 后脚蹬地，身体重心前移；

· 挥拍轨迹从后往前，从后上往前下，进而从下往上做弧形"推切"；

· 击球时，拍面打开，手腕紧固，击球点在身体的侧前方。

5. 随挥

以向前、向上动作结束随挥，身体重心完全转移到前脚。非持拍手要松开球拍、停在体侧，以保持身体平衡。（图7-8a、图7-8b）

关键点：

· 以向前、向上动作结束随挥；

· 非持拍手在身体侧面以保持身体平衡；

· 身体重心完全转移到前脚。

a. 正手防守性挑高球随挥　　　　b. 双手反手防守性挑高球随挥

图 7-8　防守性挑高球随挥

二、防守性挑高球的种类

（一）正手下旋挑高球

正手下旋挑高球时，球拍高度低于预期的击球点，应膝关节微屈，两脚前后开立，通过后脚蹬地转体向前挥拍。击球时，拍面向上打开，将球拍从后上往前下，进而从下往上做弧形"推切"方式挥动，击打球体后中下部，通过微微向下摩擦球体的后中下部使其产生下旋。身体重心随着蹬地向前转移，击球点位于身体侧前方、腰部高度。

（二）单手反手下旋挑高球

单手反手挑下旋高球时，非持拍手轻托拍颈，球拍位于来球的低处。保持膝关节弯曲，两脚前后开立，下肢蹬地发力，膝关节伸展，转髋带动肩膀和手臂做出向前、向上的挥拍动作；非持拍手向后做短而快的反向动作，停在身后以保持身体平衡；身体重心向前转移。

（三）双手反手下旋挑高球

双手反手下旋挑高球挥拍时，拍面向上打开，做自后往前，自下往上的弧形挥拍。触球时，运动员动作求轻巧，此时击球点位于腰部高度。触球后，球拍继续向前自下而上挥动。通过完整的随挥，使球在拍面上停留更多时间，以获得稳定的飞行轨迹。

三、常见错误及纠正方法

（1）动作不够隐蔽，过早把拍面朝天，使对方早有准备。
产生原因：对自身技术动作缺乏信心，各项技术掌握得不够熟练。
纠正方法：击球前的准备动作和抽击一样，击球时突然换握拍方式并把拍面转为朝天，以避免过早暴露战术意图。
（2）挑球不够高、不够深，容易被对方高压扣杀。
产生原因：触球瞬间，由于手腕不够固定，球拍晃动而导致触球不实；拍面向上打开过多，使得球无法获得足够向前飞行的动力。
纠正方法：触球瞬间，紧固手腕，减少球拍被球撞击而出现的晃动；击球时，击打球体的后中下部，尽量将球挑往对方底线附近。

四、防守性挑高球练习方法

（1）练习者在掌握底线下旋抽击球技术后，进行防守挑高球的持拍模仿动作练习。
（2）练习者自己抛球，在底线进行防守性挑高球练习。练习者在底线抛落地球，采用防守性挑高球技术将球高高挑起。
（3）同伴在发球线附近送球，练习者在底线进行防守性挑高球练习。同伴在发球线附近送多球，多球的速度由慢到快、位置由中间到两边，练习者用正、反手做防守性挑高球练习。
（4）同伴在底线附近送球，练习者在底线进行防守性挑高球练习。同伴将球送出高球或者低平的快球，练习者采用防守性挑高球技术将球挑起。
（5）同伴在底线附近抽击球，练习者在底线进行防守性挑高球练习。同伴在底线将球以低平的方式抽击过网，练习者则采用防守性挑高球的方式将球回击到同伴的底线深区。

（6）同伴在中前场进行高压球练习，练习者在底线进行防守性挑高球练习。同伴在底线中间，练习者在网前中间，双方进行高压球和防守性挑高球练习。

（7）同伴在中后场进行高压球练习，练习者在底线进行防守性挑高球练习。尽量做到连续多回合不失误。

（8）同伴用高压球技术分别向练习者场内左侧、中路、右侧击出高压击球，在底线的挑高球练习者迅速移动，并挑防守性高球到同伴的中后场，再让同伴用高压球进行回击。

第八章 知己知彼之"敌我"：战术理论与实践

第一节 网球战术基本理论

一、网球战术概念

战术乃指导与进行作战之法。体育比赛中在双方实力均等的情况下，采用合理的战术是取胜的关键。任何战术都是通过战前知己知彼、制定策略，战时扬长避短、制约对方，从而达到克敌制胜的目的。赛前战术方案的制定及赛中战术方案的实施，都需要具备相应的技术手段与体能储备，这是实施任何战术的基本前提，也是实力和水平的体现。战术是在比赛中经常运用的手段，是对战略指导思想的具体实施办法。

网球技术是网球战术的基础，只有掌握全面、实用的技术，才有可能运用多变的战术。网球战术是对网球技术的综合运用，只有合理地运用战术，才能使技术得到充分的发挥。网球战术是网球技术在实战中的完美体现，也是参赛者聪明智慧和综合素质的精彩展现。网球技术的发展促进了网球战术的形成，而网球战术又反过来促进了其技术的创新。两者这种发展、形成、促进、创新的过程是网球运动的"生命链"。从技术中包括战术因素的层面上说，网球战术是指运动员在比赛中根据网球运动的比赛规律，彼我双方的具体情况和临场变化，充分发挥自身的特点，抓住对方的弱点，有预见、有目的和有意识地运用单个技术或组合运用多个技术，并且有针对性地通过击球的力量、速度、旋转和落点的变化，达到克敌制胜的行为。因此，在平时练习中不断提高技术水平的同时，运动员还要注重战术素养的培养，要带着很强的战术意识去练技术、储体能，从而达到提高实战能力的目的。

二、网球战术分类

按照网球运动的特点，依据网球战术之间的内在关系，网球战术的内容可划分为若干种类和若干层级。

根据网球运动的规则和基本特点，可以将网球战术分为单打战术和双打战术两大类（图8-1）。单打战术，即个人有目的地运用技术的过程；双打战术，则是一对搭档运动员密切协作和默契配合地运用技术的过程。单打战术主要涉及各单项技术或技术组合在不同时机的使用；双打战术除了各单项技术或技术组合在不同时机的使用外，还需要与搭档密切配合。

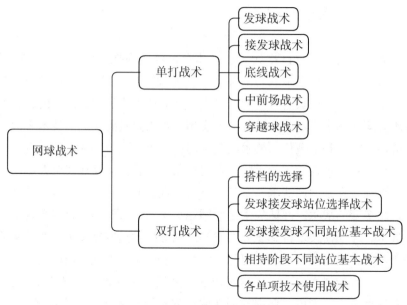

图8-1 网球战术分类

三、单打战术与双打战术之异同

（1）双打是两人配合的比赛项目，在比赛过程中要靠两人协同作战、紧密配合去实施预定的战术。无论是高水平的网前对攻，抑或是中、低水平的攻防，搭档运动员都需要做到默契配合。双打战术的这一突出特点，使得其在机动性、灵活性、突然性上都比单打战术更为复杂、多变。

（2）从击球的性能方面看，双打对网球落点的控制和击球线路多变的要求，相较于单打都显得更为重要。在单打比赛中运用底线战术时，主要依托正、反手抽击直线或斜线深区球为基本线路和落点组织进攻；而双打由于两人并肩站位，且需创造破网机会，有效击球的线路多以中路和小斜线为主。单打比赛中，运动员首先要通过底线势大力沉的回击球建立优势，然后来到中前场时选择截击球或者高压球力争打空当，求速度。而在双打比赛中，双方运动员需要通过密切配合，吊、打结合迫使对方回球质量不高，拉开对方站位而攻击空当位置，并有意识地将球击至对方脚下迫使其从下向上击球，为本方运动员"双上网"或抢网创造机会，或利用截击过顶高球，迫使对方回追，从而破坏对方阵型并争取比赛的主动权。

（3）在网球战术的打法上，单打比赛中，即使是网前型运动员也不会高频率地使用发球上网战术；而高水平的双打发球局几乎是清一色的网前型，不论什么类型的场地，也不论男女，运动员无不利用发球来抢攻战术。即使在接发球时，运动员也伺机上网，全力反扑，经常出现双方运动员都在网前的对攻局面。而这在单打比赛中是极其少见的。

（4）在技术手段的运用上，双打相较于单打在技术组合更加多样化，高难度网球技术使用频率明显增多。高水平双打比赛中，发球－接发球、截击球－破网、高压球－挑高球等组合技术已被广泛运用，并因此出现了许多高难技术，如接发球破网、接发球挑高球、反弹球、截击球挑高球、凌空抽击球、追小球破网。

（5）在发球局保发成功率上，双打比赛明显比单打比赛更高。由于双打比赛发球局有一名运动员可以抢先占据网前进攻位置，再加上发球员对发球落点和力量的控制，使得双打比赛的发球方保发的成功率明显高于单打比赛。也正因如此，如果双打比赛中不能成功保发，则很难保证比赛的胜利。

四、网球比赛制胜规律

所谓制胜规律，是指人们在竞赛中战胜对方、争取优异成绩所必须遵循的准则。竞技体育的最终目的是争取优异运动成绩，这是竞技实践全部活动的起点，同时也是终点。竞技实践全部活动都要围绕此目的进行，并服务于这个目的。因此，制胜规律是竞技实践的最基本、最重要的原理。竞技实践活动的选材、训练、竞赛、管理、决策等活动，都必须服从于制胜规律，都由其决定，都必须受其制约。

制胜规律包括制胜因素以及制胜因素之间的本质联系两个方面。制胜因素是竞争双方取胜对方的要素，制胜因素之间的本质联系是指这些制胜因素之间的相互关系及组合方式。把握制胜规律，应从分析制胜因素入手，进而逐渐加深理解各制胜因素之间的本质联系。

网球运动员的技术、战术、运动素质、心理和智力能力，在比赛时最终都要从击出球的时间、空间等特征中表现出来。基于这样的认识，网球运动制胜因素主要包括"全、准、抢、变"等（图8-2）。但在全面讨论网球运动制胜规律时，还应当考虑双打项目。因此，在以上四个关键制胜因素上，还应该加上"配"，即两人默契配合、协同作战。

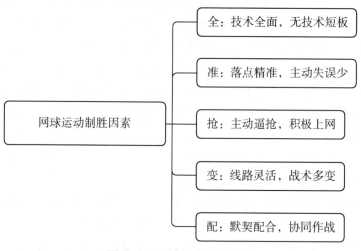

图8-2　网球运动制胜因素

网球运动各制胜因素的基本内涵如下。

（1）"全"是指网球技术全面，无技术短板。职业网球运动员只有在发球、接发球、网前以及底线抽击球等技术上均具备完美而全面的实力，才能在千锤百炼后拥有获胜的可能。当今，无论是单打运动员还是双打运动员，想要在世界网坛拥有立足之地，都必须具有"技术全面、打法积极、特长突出、漏洞较小"等特点，而且还要拥有适应各种打法类型、场地类型和节奏变化的能力。

（2）"准"是指击球落点精准，主动失误少。任何网球技术与战术,一旦没有了精准度,其余都显得毫无价值。这里所说的精准,包括"准"和"稳"两个方面的内涵。"稳"是"准"的先决条件,只有建立在"稳"的基础上"准"才有价值;"准"是"稳"结果体现,相对于"稳"而言,"准"更富有主动性,更富有战术运用的攻击性。

(3)"抢"是指网前主动逼抢,积极上网拦截。"抢"是五个制胜因素中的主观因素之一,是积极进攻、主动得分、快速压制的充分体现。针对不同场地类型、不同打法类型,"抢"在使用时机、技术运用上都有所差别;而单双打在"抢"的使用频率和机会的把握上也差别较大。

(4)"变"是指击球线路灵活,战术多变。"变"是成功运用网球战术的基础。运动员要做到能随机应变,对球场的发生的一切都应洞若观火,拥有高度准确的预见性。准确的判断是随机应变的基础,而丰富的比赛经验是预见成功的关键。为了取得优异的运动成绩,运动员必须在规则的允许下,尽可能在各方面制约对方,充分发挥本方的优势,使对方不适应;同时又不能让对方制约自己,使自己感到不适应。这种适应与反适应就是战术运用的基础——"变"的本质。

(5)"配"是指两人配合默契、协同作战能力强。双打比赛需要两人的通力合作才能赢得比赛,它强调两个人团结协作、互相配合、互相鼓励、互相谅解、互相信任。只有这样,才能在比赛中做到思想上、行动上的协调一致,才有可能获得理想战绩。否则,就很难形成1+1>2的最佳状态。

五、网球战术意识

(一)网球战术意识的重要性

网球战术意识是运动员在网球比赛过程中,根据赛场具体情况,合理判断自身能力,按照一定的战术目的,正确、合理地运用战术和技术的自觉心理活动。它是运动员依据网球运动的规律,对比赛现实所反映的思维过程。战术意识也通常指比赛阅读能力。运动员战术意识必须与战术行动相结合,并对比赛过程产生积极能动作用。现实反映和规律性反映是网球战术意识中的两个重要概念。

现实反映是对赛场各种客观存在的反映。它包括赛前自我评价的真实性和对方情报的可靠性;比赛中,彼我双方技、战术运用状况,以及心理状态等在头脑中的反映。通过可靠的途径获取对方的运动相关各方面情报是现实反映的先导，而在比赛过程中快速而准确地观察、分析、判断等综合的思维能力则是现实反映的根本。因此，运动员全面而准确地对比赛进程和双方技、战术运用及其变化的客观现实反应，将最终影响战术行动的实效性。

规律性反映是对网球比赛中技、战术运用及其变化的规律性在运动员头脑中的反映。它取决于运动员的专项智力水平和比赛经验。专项智力水平和经验是运动员在比赛中捕获"战机"的基础。规律性反映不仅是战术思维过程中观察、分析、判断、预见能力的基础，而且还是在符合网球运动规律的前提下，灵活而有创造性地运用技、战术的关键。

网球运动又被称为"孤独者"的游戏。一旦来到比赛场地，运动员就必须对球场上所发生的一切进行独立观察、准确判断、快速思考、制定对策并坚决执行。因此，对于网球运动员来说，培养网球战术意识尤为重要。

（二）战术意识的内容

1. 技术运用的目的性

技术运用必须在战术思维的指导下进行，每一个技术动作的完成都必须带有明确的战术目的。

2. 行动的预见性

球场上的情况瞬息万变，为了有目的地运用技术和战术，就要求运动员对临场情况的变化具有高度的预见性，并要根据对方的临场变化，随时准备采取相应的对策。

3. 判断的准确性

准确的判断是正确发挥技术和战术的前提。为使战术行动准确无误，运动员必须把一切行动建立在仔细观察和准确判断的基础上，随时观察与判断对方的攻防特点以及本方的竞技状态，以便采取相应的合理行动。运动员只有拓宽视野、通观全局，提高判断的准确性，方能争取比赛的主动权。

4. 进攻的主动性

比赛双方因参赛而处于矛盾对立的统一体之中，运动员要在比赛中战胜对方，获得胜利，就必须尽可能地创造有利的进攻机会，谁进攻的机会多，其得分取胜的可能性就大。因此，为了争取比赛的胜利，必须创造一切可能的进攻机会，主动出击，并使进攻行动带有隐蔽性、突发性和强烈的攻击性，攻其不备，出其不意，使对方措手不及。

5. 防守的积极性

积极防守是进攻的基础。一切防守的战术行动，都带有明确的目的性和强烈的进攻性，必然成为辅助进攻或准备转入进攻的手段，使表面形式上的被动防守具有主动的内容，含有进攻的内涵。

6. 技术运用的灵活性

无论进攻或防守，都应力求灵活善变，做到进攻主动、防守积极。要善于根据比赛临场变化，随机应变，灵活运用各种攻防技术，使对方防不胜防，切忌一成不变。

7. 技术运用的隐蔽性

技术运用注重隐蔽性，为的是使对方摸不清自己技术运用的意图，从而达到出其不意、攻其不备的目的。比赛中，为了有效地压制对方，不仅要使自己的行动隐而不露，还要经常运用隐蔽动作去干扰和迷惑对方，以达到声东击西的战术目的。

六、网球打法的定义及类型

（一）网球打法的定义

在网球运动中，网球打法是运动员根据自身的技术特点、体能状况、战术意图、心理状态等所形成的打球方式。理论上，我们将网球的打法分为上网型、全能型和底线型三种类型。

（二）网球打法的类型

1. 上网型打法

上网型打法是以发球或底线技术为依托，利用一切机会积极来到球场的中前场，通过网前截击、高压等技术手段压制对方，从而直接得分或形成短兵相接的中前场搏杀局面的打法。

根据上网的不同时机，可将上网型细分为发球上网、接发球上网、随球上网三种类型。其中，发球上网是上网型运动员在发球局中的主要战术，也是整个上网型打法的最重要组成部分。根据发球技术可以细分为"艺术型"发球上网和"强力型"发球上网。

（1）"艺术型"发球上网。发球员通过旋转强烈、落点精准的发球，迫使对方回球质量较低，从而为本方上网创造较好的机会。发球方再通过快速上网，用出色的网前技术来得分。其代表人物有拉夫特、埃德博格、亨曼等。

（2）"强力型"发球上网。发球员通过势大力沉的发球直接得分，或以较快的球速和精准的落点，破坏对方的接发球质量，然后利用娴熟的网前技术轻松得分。其代表人物是伊万尼塞维奇、桑普拉斯和卡洛维奇。

2. 全能型打法

全能型打法既能发球上网、随球上网，在网前和中场进行短兵相接的搏杀，又能通过底线抽杀控制局面，战术手段多样。其特点是能根据对方的情况有针对性地实施战术。全能型的代表人物是球王费德勒，他依靠自己全面的技术，可以随时根据球场上的形势、场地的类型来调整自己打法。

3. 底线型打法

底线型打法的特点是通过底线抽球的节奏、旋转、球速、落点变化来争取主动权。当对方在底线时，会想方设法调动他，寻找制胜的机会；当对方在球场的中前场时，则用破网和挑高球来化解危机。由于底线型打法能攻善守，无论在哪种类型的球场上都能较好的适应，所以被大多数球员所采用。休伊特、纳达尔、穆雷便是这种打法的杰出代表。

第二节　网球单打战术

网球单打战术是网球运动员在单打比赛过程中，根据临场比赛的情况，有目的、有针对性地对技术的运用。需要运动员拥有全面的技术、超强的体能、聪慧的头脑，既能控制球路，不轻易失误，又能积极进攻，争取主动，以达到取胜的目的。单打战术不仅是单打比赛获胜的一个重要因素，而且是双打战术的基础。网球单打战术主要包括发球战术、接发球战术、底线战术、中前场战术、穿越球战术等诸多个人战术。

一、发球战术

网球运动中，最重要的攻击武器非发球莫属。发球既是比赛的开始，也是战术顺利实施的起点。如果能将发球纳入整个比赛战术的组成部分，那么从发球开始你就拥有了比赛的主动权。

（一）发球战术运用的基本原则

1. 攻击对方的反手侧

无论是职业网球运动员还是业余网球运动员，反手技术强于正手技术的寥寥无几。所以，如果能成功将球发到对方的反手方向，对方的接发球一般不会具有较强的攻击性，从而可为发球员的下一拍进攻创造良好的条件；反之，如果把球发到对方正手位，发球员遭受攻击的概率就会大大提高，不利于发球员顺利保发。

2. 将球发向对方场区的外角

落点刁钻的外角发球，可以很顺利将接发球员扯到球场的外面接球，此时，场地中露出较大空当，从而为发球员再次进行大角度的进攻创造有利条件。

3. 将球尽可能发深

发出的深球会逼迫对方远离底线进行回击。此时的回发球，已经从飞行距离上处于劣势，从而起到减弱对方回发球的威胁性之目的；并且对方的站位也远离球场，便于发球员放小球或击打小斜线球。

4. 旋转球要"旋、深"兼备

旋转球和空气产生的摩擦导致球落地前的滞空时间较长，落地后向上、向侧的弹跳较多，成为发球上网者常用的发球战术。较长的滞空时间保证了发球员有充足的时间来到网前，但如果不够深也会给接发球员留出了较多的时间选择打穿越球，所以旋转球需要"旋、深"兼备。较高的弹跳、较深的落点，不仅降低了对方回发球的攻击性，而且发出的旋转球为发球员打出高质量的下一拍创造了可能性。

5. 关键时刻发追身球

在接发球中，追身球属于不太好接的一种发球。当发出的球直接冲向对方的身体时，接发球员很难决定用正手回发还是用反手回发，在犹豫之间则容易造成回发球的失误。

6. 速度、角度、旋转的运用灵活多变

比赛中，战术运用要做到灵活多变，手段丰富。如果发球始终一成不变，当对方适应了发球员的发球速度、落点和旋转后，就会提前判断从而抢攻，使发球员陷于被动。而灵活多变的发球可使对方无法准确判断，从而起到破坏对方接发球节奏的作用，为比赛争取主动权。

7. 一发求"狠"，二发求"稳"

一发的速度比旋转重要，在尽可能保证发球成功率的前提下，运动员应追求速度，从而在气势和效率上占得先机。二发则要求增加旋转量、提高稳定性、精准性，只有拥有较强的旋转和精准的落点，才能最大限度地发挥二发的优势。同时，只有展现较高的二发成功率，才能充分释放一发的威力。

8. 发球角度的变化放在首位

发球角度的灵活多变，使得接发球员很难预判发球员的发球意图，导致接发球员在接发时瞻前顾后、犹豫不决，进而影响接发球的质量。纵观历代球王，其发球速度都并非同时期最快的，但他们都能通过发球角度的变化争取发球局的主动，使自己能轻松保发。

（二）发球战术的具体运用

发球战术的运用应考虑多方面的因素。首先，发球不受对方支配，运动员可通过控制发球的力量、速度和落点而赢得比分。其次，针对对方弱点，攻击其技术薄弱处。最后，注重球的落点、旋转和节奏的变化，使对方捉摸不定，攻其不备。一次高质量的发球是速度、落点与旋转的完美结合。不同性能的发球有其独特的优势，在具体运用时应充分利用不同发球的特性，做到灵活多变。

1. 平击发球战术

平击发球时，发球员应瞄准发球区的内角。这样的发球，可使球飞行的距离短，拥有最低过网高度，保证发球成功率，且给对方以最短的反应时间。如果是一区发球[①]，过网后飞向对方的反手方向，可给对方接发球带来麻烦。如果是二区发球，虽是发到对方的正手，但从中心线方向接回的球很难打出角度，因此有利于发球方展开下一拍进攻。

2. 切削发球战术

切削发球时，发球员应尽量发向发球区边线内侧的场地。这样的发

---

① 发球时，发球员应将球发向对方半场对角线侧的发球区域。也就是说，在底线中心标志的右侧站立时，发球员应向对方运动员（面对球网）的右侧发球区发球，称为一区发球；反之，在底线发球中心标志的左侧站立时，发球员应向对方运动员（面对球网）的左侧发球区发球，称为二区发球。

球落地弹起后飞向球场外侧，能把对方调离场地去接发球，并使对方接发球质量较低。此时，球场的空当较大，可为自己组织进攻打下良好基础。

3. 上旋发球战术

上旋发球时，无论是在一区发球还是在二区发球，都应尽量把球发向对方的反手位。即如果是在一区发球，应将球发向对方发球区的内角。因为上旋发球高弹跳的特性，可使得接发球员此时不得不在反手位接超过肩部高度的球，增加其接发的难度，降低其接发球的质量。如果是在二区发球，则发球目标是对方发球区的外角。此时，当发球弹起后，会直逼对方外侧，迫使对方追出场外接球，从而达到克敌于无形的效果。

二、接发球战术

接发球是获取比赛胜利的必要手段。阻止对方发球上网和提高击球的稳定性是接发球个人战术运用的两条基本原则。在接发球个人战术运用上，要力争遏制对方的攻势，尽可能让对方随着本方战术变化而变化，争取第三回合的主动地位。

（一）接发球战术运用的基本原则

1. 接一发时，确保回球的安全性

面对对方的一发时，保证接发球的安全性是最重要的。只有把球安全地回击到对方的场地内，才会有接下来和对方相持抗衡的机会。

2. 接二发时，坚决向场内靠拢

网球比赛中，即使是发球最优秀的运动员，在进行二发时，也要考虑发球的稳定性而不能发非常有力的球。在这种情况下，接发球的站位可以大胆向场内挤压。一来可以给对方增加发球压力，二来可以把握回击球的时机，便于提高接发球的质量。

3. 对于威力不大的发球，坚决进行攻击性反击

当对方发球弱，较容易攻击时，应果断采用大力抽击接发球技术完成攻击性击球，也可以接完球后立即冲到网前准备攻击。发球员由于球发得比较弱，不会也不敢冲到网前来截击；此时，接发球员可把这个较容易接的发球打到对方反手侧，然后冲到网前做好截击的准备。

4. 回球线路选择受阻时,坚决把球打深

当对方发球质量较高时,接发球员一定要将球打深,甚至打向发球员的脚下,使其不能直接起拍攻击。只有打得深,对方才不可能打出有角度和有攻击性的回球。除坚决打深外,将球打到对方的反手侧也是一个不错的选择。

5. 面对发球上网,坚决将球回击至其脚下

遇到对方发完球后立即上网来截击的压力情境时,本方接发球员往往不由自主地想加力,而这样去接发球却常常导致失误。因此,接发球员此时应沉着冷静,争取将球打回到对方脚下,使对方不能打出具有攻击性的截击球。

6. 改变接发球的站位,迷惑对方

发球员一般会根据接发球员的站位对自己的发球落点及发球方式做出调整;作为接发球员可以故意离开接球位置,制造假象:在发球员抬头抛球后,迅速调整自己的接发球站位,而此时发球员很难察觉及做出相应的调整,接发球员也因此创造了抓到主动权的机会。

7. 适时改变接发球的速度和旋转

根据自身特点和能力,接发员可以采用不同的击球手法,在接发的球速和旋转上做出变化,通过控制节奏、旋转和落点,最大程度地对发球员实施干扰。

(二)接发球战术的具体运用

为了给自己创造得分机会,接发球员应该根据对方的打法类型制定自己的战术,进而逐步实现自己的战术意图。

1. 对底线型打法运动员的接发球战术

(1)接平击发球战术。对于速度较快的平击发球,为了保证接发球的安全性,站位稍稍靠后。接平击发球时,首先考虑的应该是将球回击到对方底线的深区,而不应强调加力打出更快的速度。此时,沉着冷静地将球打深应作为接发球员首选的回击方式,其次是尽量将球回击到对方反手位较弱的一侧。

(2)接切削发球战术。由于切削发球落地后侧旋的特性,在接发站位上应尽量做到:在一区时尽量向边线靠近;在二区时,可稍向中线靠近一些。接一区切削发球时,最理想的回球路线是打对方的对角线位置。因为接发球员接发球时，可能是在场地外，所以打对角线可以为自己的回位争取时间。如果在二区接发切削发球，也可通过提前预判、快速侧身、用正手大力抽击的方式来化解对方的发球优势。

（3）接上旋发球战术。对于接落地弹跳得又高又远的上旋发球，如果不能及时在该球高高弹起之前回击过去，那么接发球员被对方攻击的可能性就较大。接上旋发球的对策是稍稍在底线靠前的位置上，注意在球弹至高点之前跨步上前击球。考虑到发球员不是上网型打法，等该球下落时击球也可以，但是必须记住自己不能主动失误，且应首选把球打深。为了克制对方的上旋发球，可以采用下旋切球方式进行还击，给对方的回球造成困难。

2. 对发球上网型运动员的接发球战术

（1）接平击发球战术。利用对方的发球速度快、弹跳低等特性，接发球员通过快速平推、下切击球等方式尽量降低回发球的高度，将球回击至发球员脚下是接这种发球的上策。即使发球员能将球击回，但由于不是处在最有利的态势下的回击，这给接发球员创造了很多有利的机会。如果沉着应付下一拍，则可较容易得分。

（2）接切削发球战术。接向网球场边线拐弯的切削发球，落点通常比接发球员预想的还要靠场外。这时，接发球员为争取时间回位，回发路线选择场地的对角线是关键，如果能打出深的斜线球，即为下一拍打穿越球创造了有利条件。回发切削发球时，接发球员如果能有效地采用下旋球的回击方式，也能给发球上网者制造更多地麻烦。

（3）接上旋发球战术。上旋发球的运动员，采用发球上网的较多，这是因为球在空中飞行的时间较长，发球员有充足的时间移动到网前。这时，为了压制对方上网，接发球员可抢先击打球的上升点，并打出过网急坠的低球。如果对方的发球将接发球员向场外调动太多，也可选择打出近网上旋斜线球或者"outside in"的穿越球。

三、底线战术

底线相持阶段是整个网球比赛的重要组成部分，它始终围绕网球的速度、旋转、落点的变化而为自己创造进攻机会，从而实现得分的目的。比赛中的每一分球，大多数情况是由势均力敌的相持球，逐渐转化成一方运动员进攻、另一方运动员防守，直至此球出现一方得分为止。因此，利用技、战术手段组织有效进攻是底线战术的重要环节。

(一) 底线战术运用的基本原则

1. 相持阶段

处于底线相持阶段时，运动员最主要的任务是把球打深，让对方远离场地击球，从而降低对方的回球质量，为接下来的战术实施做好铺垫。运动员可通过打斜线球相持；使用优势技术回击，保持压迫；改变击球节奏，扰乱对方击球节奏；利用场地全方位调动对方；连续把球击向对方薄弱的一侧等一系列手段来实施战术。

2. 进攻阶段

当对方回球出浅、出软时，运动员就需要抓准时机力争一击夺分。经过前期底线相持阶段击球质量优势的积累，当场上形势有利于本方组织进攻时，运动员可通过击打回头球；或利用优势技术突击直线；或抢点击球，加快击球节奏；或向对方薄弱的一侧进攻；或伺机放小球等技、战术而赢得比赛胜利。

3. 防守阶段

当处于被动时，运动员需要多打控制球、少发力，利用较大的弧度把球打深，积极地奔跑，不放弃每一次击球，为防守反击找机会。为达到上述目的，防守方需少打变线球，多回斜线，把球打深；变化击球节奏，以干扰对方的击球节奏；提前判断对方击球意图，迅速回到防守位置；背水一战时，可采用搏杀式回击。

(二) 底线战术的具体运用

1. 斜线相持回击大角度上旋球

稳定地利用斜线深球压制对方。待对方回球变浅时，运动员应迎上，利用回击的大角度上旋球将其拉出场外，为下一拍制胜创造条件。

2. 斜线相持过程中突击变直线攻击

利用稳定的斜线深球与对方相持。当对方回球略显质量下降时，运动员应突然变线，利用直线展开进攻。

3. 底线两侧深球来回调动对方运动员

采用积极稳妥的上旋球将球回击至对方左、右两侧，让其疲于左、右来回奔跑，消耗其体能与意志力。等待对方回球质量降低时，运动员应进行最后制胜一击。

4. 底线反手削球改变比赛节奏

当双方在底线正、反手上旋球相持无法打开局面时，运动员可利用反手削球，将球切削至对方深区以达到改变比赛节奏、干扰对方回球质量的目的，甚至可以根据对方回球质量上网跟进给予压迫。

5. 底线中路相持过程中，快速侧身进行正手侧身攻

在底线双方都无法打开角度的局面下，当对方回球质量不高时，运动员应快速利用正手侧身攻技术攻击反斜线或直线，使对方被动回球，并为下一拍回击创造机会。

6. 突击底线放小球，出其不意

以稳定的上旋球为依托，持续攻击对方底线，使对方被迫远离底线击球或被拉出球场击球。此时，运动员应突然放出小球使对方来不及跑到网前回击。

7. 拉出高弧线的底线球，让对方不宜发力

在底线对抗中，对方紧逼进攻时，采用带有强烈上旋的底线回击球迫使对方需发力下压击球，这样可以导致对方体能下降、意志力消磨，几个回合下来就会明显降低击球效果。本方此时则可伺机而动，争取得分。

四、中前场战术

当来到中前场时，通常应根据本方的击球效果和对方的竞技水准，提前预判对方的回球质量，运用最恰当的方式进行回击。无论采用截击球、高压球或者中前场抽击球技术，都应尽量运用自己最擅长、对对方威胁性最大的方式进行回击。

（一）中前场战术运用的基本原则

1. 来到中前场前的一拍球，具有明确的攻击性、目的性

准备来到中前场进行厮杀的一拍球是否具较强的攻击性，攻击的目标是否为对方的弱侧，能否破坏对方身体的姿势平衡，是中前场战术能否成功实施的关键。一旦能按自己的战术意图实施攻击，就会对对方的

回球线路及质量有较正确的预判，向前移动就有了方向性，在技术手段的使用上就能有的放矢。

2. 用最快的速度贴近网前，缩小防守范围

一般情况下，如果上网及时、快速，那么对方可能回球的范围会变窄；反之，对方回球的范围就会变宽。中前场球越靠近球网，截击时，给对方的压迫感就会越强；高压时，其成功率越高，本方可选择的角度也越大；抽击球时，不仅缩短了对方反应时间，威胁性也会因此大大提高。

3. 向中前场移动时，必须使自己位于对方回球线路的中间位置

上网过程中，首先应朝着自己击球的方向跑动，然后在对方可能回球范围的中间处做分腿垫步，再根据实际需要，继续向来球方向移动，随时准备截击或高压。也就是说，中前场的基本位置不一定就是最后的击球位置，还要根据场上的具体情况、对方的打法和习惯等，在预判的基础上，再从自己所在的基本位置移动到最佳击球位置。

（二）中前场战术的具体运用

1. 截击战术的运用

截击球线路和落点的控制是使用截击战术时首要考虑的要素。在中前场使用截击时，应向对方薄弱一侧击球，并向前继续跟进；在没有一击制胜把握的情况下，切勿轻易尝试斜线截击，而应选择用直线将球打深；越是远离网前，越需要将球打深，越是靠近网前，越应讲求速度和角度的变化；截击放短仅限于在对方站位靠后或出其不意的情况下使用。

2. 高压战术的运用

高压球战术的运用是在中场打出速度快、角度大、旋转强的攻击球后，或前期通过截击球压制对方后，回击对方挑高球的一种战术。使用高压球首先要注重对落点的控制，其次是在击球手法上应尽量灵活、多变。

3. 抽击球战术的运用

当底线对攻中处于优势局面，对方回球靠近中前场时，运动员应快速冲到网前，占据有利位置，利用正、反手打出下压式的抽击球，或打出带有高速旋转的侧旋球。因为球带有旋转，出界的概率小，且能带开球路的角度，从而让对方束手无策。

4. 其他战术的运用

来到中前场时，运动员可根据实际需要采用凌空抽击球、放小球、反弹放短等技术，以期达到出其不意、攻其不备的效果。

五、穿越球战术

穿越球战术多用于应对上网型运动员。它是成功穿越对方、直接得分，或迫使对方快速后退、被迫回击的一种高效战术。一次精美绝伦的穿越球需要捕捉对方站位的瑕疵、选择适合自身的回球路线、丈量对方封网面积、观察对方封网角度等综合多方面因素，从而最终成功完成绝地反击。

（一）穿越球战术运用的基本原则

1. 穿越球尽量选择过网急坠

由于过网急坠球降低了对方回击球的高度，有效减少了对方对网前空间的控制，有利于打出制胜一击。

2. 灵活选择穿越方式

根据网前运动员的站位来选择最佳的破网路线与方式。如对方站位靠后，运动员可选择落点浅、角度大的斜线急坠式穿越；如对方站位靠前，则可选择挑高球穿越。

3. 斜线穿越求角度，直线穿越求速度

斜线与直线是两条穿越网前运动员的必经路线。但因为斜线穿越球场的面积小，所以要做到精准控制，应追求角度让对方无法到位而击球；而直线穿越则因为线路更加长，对方也更容易触碰到球，所以直线穿越时要通过快速和急坠使对方失去还手之力，以实现穿越或者得分。

4. 穿越球与挑高球结合使用

穿越球的使用时机必须结合临场情况。在既可打穿越球、又可挑高球的情况下，处理方式要灵活多变，运动员应将穿越球和挑高球交替使用。反手高球是网前运动员较难处理的球，因而若能挑出反手位的上旋高球往往也能形成高质量的穿越球。

（二）穿越球战术的具体运用

1. 对方上网站位较为靠后，采用斜线穿越

当对方打出大角度的底线进攻性击球后选择上网时，由于对方移动距离较远未能及时占据回球的有利位置，可以利用角度刁、旋转强的斜线穿越球使其无计可施。

2. 对方上网站位太靠前时，采用挑高球穿越

当对方占据网前优势步步紧逼，而不能通过截击手段得分时，运动员可以快速改变战术，利用对方站位越来越靠前而形成的后场空虚，以及上旋高球落地后急速弹跳等特性，采用上旋挑高球形成穿越。

3. 对方被动上网时，尽量采用超身球逼迫对方前、后奔跑

当对方被动上网时，由于身体前冲较快、惯性较大，此时若能打出越过对方头顶的超身球，使对方前、后奔跑是一个不错的战术选择。

第三节　网球双打战术

双打战术是网球运动员在比赛中根据网球比赛的规律，参赛双方的具体情况和临场变化，在密切合作、默契配合的过程中，有效运用单打个人战术进行的有预见、有目的、有组织的行动。双打战术的内容丰富、形式变化多样，技、战术涵盖面广，本节将双打战术划分为搭档的选择、双打发球与接发球基本站位、双打发球与接发球不同站位基本战术、双打相持阶段不同站位基本战术、双打各单项技术使用战术五个方面加以阐述。

一、搭档的选择

（一）配对

网球双打是需要一对搭档运动员密切配合、共同御敌的比赛，搭档之间如能默契配合仿佛产生了良好的化学反应，其战斗力可以实现 $1+1>2$。组成良好的配对应从两个方面考虑。其一，对获胜目的基本理念要一致。不同运动员对比赛价值的认知、对比赛过程中情景刺激的感觉、对搭档及对方行为的感知等都有较大的差异，但为了争取胜利，搭档之间应本着发扬搭档的技、战术风格、发掘搭档的潜能、调动搭档的求胜欲望、容忍搭档失误为宗旨，通过相互沟通，对获胜目的基本理念达成共识。其二，让两个打法、风格各异的运动员配对。一般而言，与两个打法相似、速度基本相等的运动员对垒时，本方较容易适应，亦比较容易应对。但是，当对阵两个球速不同、击球性能不同、节奏不同、打法风格各异的运动员时，则需要花费较多心思和较长时间去适应对方不同的球路和球风。比赛中所造成的失误，大多是由这种"适应"而引起的。

（二）取位

网球双打比赛时，运动员所站的接发球位置是赛前决定的。因此，两名搭档运动员各自应站在场地的哪一边更为合适、更为有利则关系到这一场比赛的基本走势。双打比赛时，运动员取位的基本原则与方法需要根据两名运动员的情况综合考虑。

如果两名均是右手握拍运动员，应按照下述原则取位。第一，技术水平较高、心理抗压能力较强的运动员站在二区（占先区）比较好。一般而言，二区的运动员场上控制范围更大，面临的压力也较大。因此，任何情况下都能稳定发挥、保持良好心态的稳定型运动员站在二区对比赛更有利。第二，如果两名运动员的技术水平相当，心理抗压能力也差不多，则截击技术好的运动员站在二区。这有利于本方通过网前正手截击争取得分。第三，如果两名运动员的技术水平和心理抗压能力都不分伯仲，则正手抽球技术较好的运动员站在二区接发球。

如果是一左、一右握拍的一对搭档运动员，一般是左手握拍运动员站在二区有利。这是因为左手持拍运动员在二区有利于接发和底线对角线相持，而站在一区时则不能发挥其左手持拍的优势。

二、双打发球与接发球基本站位

（一）发球站位

1. 发球前后交叉站位

网球运动员在一区发球时，发球员（如图8-3a中P4所示）站在单打边线内1米左右，其搭档（如图8-3a中P3所示）站在网前的左

侧双打边线和中线的中间，前后则位于向前跨一步用球拍可触到球网的地方。（图8-3a）

在二区发球时，发球员（如图8-3b中P4所示）站在单打边线与底线交叉的地方，其搭档（如图8-3b中P3所示）站位于网前的右侧双打边线和中线的中间，前后则位于向前跨一步用球拍可触到球网的地方。（图8-3b）

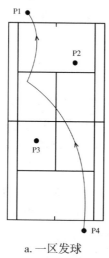 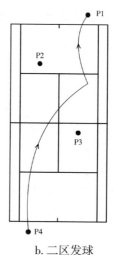

a. 一区发球　　　　　　b. 二区发球

图8-3　发球前后交叉站位

2. 发球"双底线"站位

发球员（如图8-4中P4所示）发球后不上网，其搭档（如图8-4中P3所示）也不上网，两人在底线与对方运动员抗衡（图8-4）。这是发球方发球能力较弱且网前运动员技术较差时的被迫选择，在高水平的比赛中很少使用。

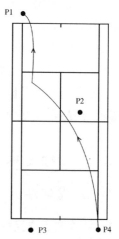

图8-4　发球"双底线"站位

3. 发球澳式站位

发球员（如图 8-5 中 P4 所示）一般站在底线中心标志附近，而其搭档（如图 8-5 中 P3 所示）则压低身体重心蹲于发球中线发球员同侧网前，且离球网很近。（图 8-5）

发球后，网前运动员以封堵对方斜线回发球为主并伺机反向移动抢网，可以起到干扰对方选择回发球线路，从而降低回发球质量，提高保发成功率的作用。发球员则向网前搭档相反的方向移动，以防接发球方回发直线穿越。

4. 发球"1"字形站位

发球员（如图 8-6 中 P4 所示）站于底线中心标志与单打边线中间靠近中心标志位置，其搭档（如图 8-6 中 P3 所示）压低身体重心蹲于中线或中线偏发球员异侧处，形成发球员、发球员搭档、对方接发球员呈一条直线的站位（图 8-6）。网前搭档应尽量贴近球网，发球后网前搭档按预定方向移动抢网，发球员与网前搭档应进行相反方向的移动以填补空当。

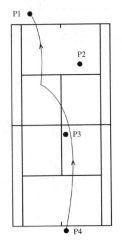

图 8-5 发球澳式站位

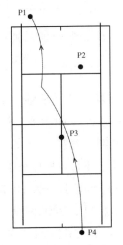

图 8-6 发球"1"字形站位

（二）接发球站位

1. 接发球前后交叉站位

在双打比赛中的接发球时，前后交叉站位是接发球员较常采用的接发球站位，其站位应根据对方发球的具体情况进行适当调整。当对方一发时，发球员的搭档（如图 8-7a 中 P3 所示）极有可能抢网发起进攻时，接发球员的搭档（如图 8-7a 中 P2 所示）应站在发球线后，中线与单打线的中点偏中线的地方；当对方二发时，接发球员有机会进行接发反攻，其搭档（如图 8-7b 中 P2 所示）应站在发球线前，中线与单打线的中点偏中线的地方。

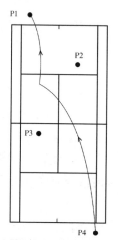 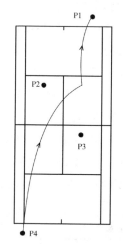

a. 接发球一发前后交叉站位　　b. 接发球二发前后交叉站位

图 8-7　接发球前后交叉站位

2. 接发球"双底线"站位

接发球员（如图 8-8 中 P1 所示）接发后不上网，其搭档（如图 8-8 中 P2 所示）也不上网，两人在底线与对方抗衡（图 8-8）。采用此种站位的运动员基本是底线技术较好、害怕网前短兵相接者。由于"双底线"站位的两个人都远离网前，减缓了场上的节奏，也相对降低了击球失误率；远离网前则会使进攻的威胁度降低、节奏减慢。在对抗对方强大的发球以及网前压迫型的打法时，"双底线"站位能更灵活反击对方的进攻。

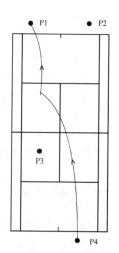

图 8-8　接发球"双底线"站位

三、双打发球与接发球不同站位基本战术

众所周知,双打网球比赛除了需要运动员的技术及其运用能力均衡、搭档配合默契以外,阵型亦是一个极其重要的环节。在完成发球和接发球后,运动员们所保持的阵型直接影响其技、战术的发挥。

(一) 发球战术

1. 发球前后交叉阵型抢网战术

发球员通过不同旋转与落点的发球来制造接发球的难度,待接发球员回球质量不高时,发球员搭档捕捉时机,迅速移动,截击至对方网前运动员的脚下或空当处,取得比赛的主动权。这种阵型打法简单,分工明确,具有一定的攻击性,是网球比赛中的基础阵型。发球时,为最大限度地给网前搭档创造抢网的机会,发球员一般会以速度较快的内角平击或内角上旋球为主;在相持过程中,网前运动员的后场及底线运动员的前场是对方攻击的重点位置。(图8-9)

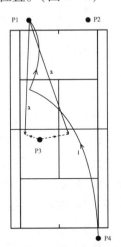

图8-9 发球前后交叉阵型抢网战术

2. 发球"双底线"阵型破网战术

发球员发球时,其搭档也位于底线附近,在相持球的过程中,两人通过高质量的底线回击球、穿越球、挑高球与对方运动员周旋以达到克敌制胜的目的。此种战术是当发球员搭档网前技术不过硬,但底线技术

较纯熟时使用。当对方一底线、一网前的前后站位时，必须将球回给对方的底线运动员，以避免被网前运动员抢网而陷入被动。（图8－10）

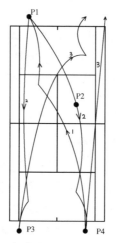

图8－10　发球"双底线"阵型破网战术

当对方运动员采用"双上网"阵型时，一定要争取将球打向对方网前技术较弱的一方，且打出高质量地过网急坠增加对方的回球难度；或采用上旋进攻性挑高球迫使其中一人回撤至底线击球从而破坏对方阵型，甚至达到直接穿越得分的目的。

3. 发球澳式阵型抢网战术

发球员（如图8－11中P4所示）在底线中心标志附近通过落点刁钻的发球，给处于发球中线发球员同侧网前的搭档（如图8－11中P3所示）创造抢网进攻机会。发出的球要让接发球方较难打出直线或挑高球，发球后发球员搭档以封堵对方（如图8－11中P1所示）斜线回球为主，并伺机反向移动抢网，打对方一个措手不及。发球员移动方向与其搭档移动方向相反，填补网前搭档留下的空当。（图8－11）

4. 发球"1"字形阵型抢网战术

发球员（如图8－12中P4所示）发球后，其搭档（如图8－12中P3所示）在网前按预先制定的方案，迅速上前抢网，截击或扣杀对方的接发球；而发球员发完球后应迅速向网前搭档的空当处移动，防止对方打空当。（图8－12）

发球方在发球前必须有明确的战术布置，商量发球落点和抢网方向，而且发球员的一发成功率较高，该战术才能得到充分的运用。

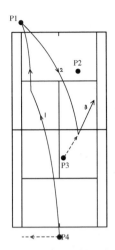 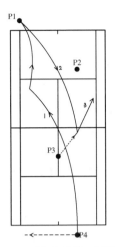

图 8-11　发球澳式阵型
抢网战术

图 8-12　发球"1"字形阵型
抢网战术

5. 发球"双上网"阵型战术

无论是采取前后交叉、澳式、还是"1"字形阵型战术，发球员发球时都需要通过将球的落点、旋转、速度完美结合，以压制对方的接发球线路选择范围及击球质量，从而为本方运动员创造"双上网"进攻机会。发球后，发球员快速来到网前与本来处于网前的搭档抢占球场有利位置，通过截击或高压等方式在网前打出直接得分球。（图 8-13、图 8-14）

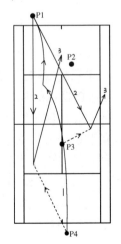 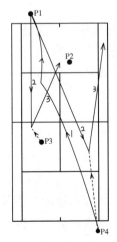

图 8-13　发球"1"字形
"双上网"战术

图 8-14　发球前后交叉站位
"双上网"战术

（二）接发球战术

1. 接发球前后交叉站位抢网战术

接发球员（如图8-15中P1所示）以大力低平的斜线抽击为主，对方发球员（如图8-15中P4所示）被迫将球斜线进行回击。接发球方的网前运动员（如图8-15中P2所示）向斜前方快速移动抢网，将球采用截击或扣压的方式快速回击至对方网前运动员（如图8-15中P3所示）脚下或其身后的空当处。（图8-15）

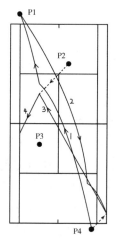

图8-15　接发球前后交叉站位抢网战术

2. 接发球"双底线"阵型战术

双打网球比赛中，如对方的发球很有威胁，其搭档在网前又非常活跃，为了破坏对方快速进攻的节奏，接发球员可采用接发球双底线阵型战术（图8-16）。对接发球员而言，首先应注意接发球的成功率，然后再寻找机会进行反击，并且破网穿越要打得凶狠，以破中路和两边小斜角为主并结合挑上旋过顶高球。当对方运动员前后交叉站位时，要尽量避开网前运动员，让对方一名运动员左右来回奔跑造成其移动受限而出现失误，或当其回球较浅时突击网前运动员；当对方运动员"双上网"时，则以打过网急坠的小斜线球为主，上旋进攻性挑高球、击打中路球、攻击网前技术较差的人等战术为辅，以此压制对方。

3. 接发球"双上网"阵型战术

此种战术一般采用前后交叉站位进行接发时,让接发球员的搭档先在网前限制对方的发球质量和干扰对方的网前运动员。接发球员应做到判断准确,快速移动,并向前、向下顶压式击球,向着发球上网运动员的脚底下或斜线双打边线内击球,接发后快速随球上网,与网前的搭档一起形成移动的铜墙铁壁向对方发起攻击。(图8-17)

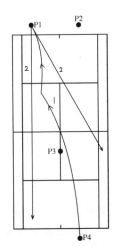 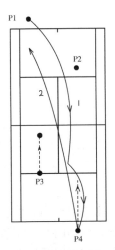

图8-16 接发球"双底线"阵型战术　　图8-17 接发球"双上网"阵型战术

四、双打相持阶段不同站位基本战术

双打网球比赛相持阶段阵型的基本形式可分为3大类:一是"一网一底"阵型,这是双打比赛中底线相持阶段,网前搭档伺机抢网得分的一种阵型形式,也是双打相持阶段最基本的阵型;二是"双上网"阵型,这是以进攻为主要手段的阵型形式;三是"双底线"阵型,是一种防御为主、伺机穿越破网的阵型形式。在长期的网球比赛实践中,逐渐形成了以下4种基本战术。

1. "双上网"对"一网一底"战术

发球员(如图8-18中P4所示)发球后,迅速来到网前与网前搭档(如图8-18中P3所示)一起形成"双上网"阵型;接发球方(如图8-18中P2、P1所示)采取"一网一底"接发站位,接完发球后始终保持这种阵型(图8-18)。此时,"双上网"一方采用抢网或持续对对方一侧的运动员进行压迫式进攻，以迫使其回球质量降低，而获得得分机会。

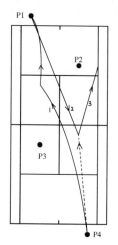

图 8-18　"双上网"对"一网一底"战术

接发球员则利用高质量接发球，回到对方发球员一侧，迫使其在发球之后没有足够的时间调整步法就去截击一拦。当发球员回球质量不高时，接发球方的网前运动员抓住机会抢网；通过回击中路球，导致双上网的两人因分工不够明确而产生失误；主动向对方二区的网前运动员的身后放直线高球，迫使对方一名运动员回撤击球，主动放高球一方网前运动员接着向中间靠近，形成阵型上的压迫。

2. "双上网"对"双上网"战术

双方运动员均采用"双上网"站位的情况下，更多的是依靠双方运动员在网前处理球的技术，战术层面主要通过以快制胜、打乱阵型、集中攻击为主。以快制胜是在双方的网前球博弈中利用高速球迫使一方的回球质量变低，从而获得得分机会。这时，也要合理利用空间，比如离网更近，使对方反应时间更短。打乱阵型是在"双上网"对"双上网"的对抗中，将对方一名运动员调离原本的阵地，使对方另一名运动员的防守面积扩大，从而获得得分机会。集中攻击式压迫半区，连续攻击对方同一名运动员，使其没有足够的准备时间而造成回球质量降低，从而使本方获得得分机会。（图 8-19）

知己知彼之"敌我"：战术理论与实践 第八章

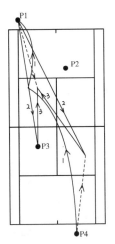

图8-19 "双上网"对"双上网"战术

3. "双上网"对"双底线"战术

当接发球方采取"双底线"站位时，就会出现这种情况。发球方的目的就是压制对方其中一名运动员，利用前后左右调动并迫使其回球质量变低，从而获得得分机会。"双上网"站位时，则要思考对方心理，预测对方击球方向，互相积极跑位防守以及时补位。在网前击球后两人的移动，不是立刻回到原位，而是朝着下次击球的位置移动，以进行下一拍的封堵，不给对方留出很容易攻击的空当。当发球方运动员被动地跑回底线救高球，为了防止在本方两名运动员之间出现空当，避免让对方打出落点很好的破网球，搭档也应随之回到底线位置，形成"双底线"站位，通过底线击球重新找寻得分机会。

接发球方的主要战术是限制对方进入得分区域，利用平而快的底线抽击球迫使对方只能考虑如何把球截击回较深的落点，这也给了接发球方更多进攻的机会。在"双底线"对抗"双上网"战术中，回球线路更加灵活，通常会结合挑高球、打追身、攻中路或过网急坠等回球方式来迫使对方运动员回球出浅，这时接发球员会与其搭档一起随球上网来到网前压制对方，创造得分机会。（图8-20）

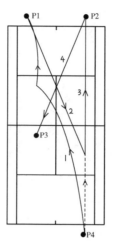

图 8-20 "双上网"对"双底线"战术

4. "一网一底"对"一网一底"战术

这种战术在女双和混双中采用较多，通常也出现在发球不具备很大优势的二发时。由于发球质量低，对方接发球抢攻的速度很快、线路较开，网前运动员没有机会进行抢网，而发球员也较难跑动到网前区域。这时双方的战术基本相同，那就是用底线压制对方的底线，当一方底线质量变低后利用抢网得分。

双方网前运动员在双打场地边线与中线之间、上一步即可用球拍触到球网的地方前后移动，一旦判断对方回球质量下降时，应果断向斜前方移动抢网。即当本方底线运动员击球时，下撤到发球线附近，防守对方网前运动员的抢网；当对方底线运动员击球时，向前逼近，伺机抢网得分。底线对攻中，若底线运动员看到对方网前运动员欲抢截而提前移动时，可打直线穿越球或超身球压制对方；当对方直线放高球时，底线运动员应快速移动击打此球，网前运动员则同时向相反一侧移动；底线运动员展开直线对攻时，网前底线运动员应在另一侧进行前后移动；底线运动员展开直线对攻之后突然向斜线放高球，底线运动员去补接此球，网前运动员也要同时向相反一侧移动；如果本方放高球放得浅，则本方网前运动员必须立即回撤到底线，以防备对方的高压球或者截击球。（图 8-21）

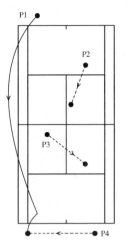

图 8-21 "一网一底"对"一网一底"战术

五、双打各单项技术使用战术

(一)发球战术

1. 提高一发的成功率

在双打网球比赛中,一发应优先做到把球发入有效的发球区域,以增加一发的成功率。因此,可以稍微减小发球的力量,采取以牺牲部分速度而增加旋转的方式,控制球的落点使球飞向发球有效区域的两角,或将球发至对方反手区深处,迫使对方以不太舒适的方式接发球。

2. 将球发向接发球员的接发弱侧

在双打网球比赛中的一发应尽量将球发向中路,这样接发球员不容易将球打出较大的角度,从而有利于本方网前搭档通过截击或者高压得分。但也应该注意将球发向接发球员的接发弱侧,特别是二发的时候。这样即使发球质量不高也不容易被接发球员占据太多的优势,甚至由于对方弱侧的接发能力较弱,为本方网前搭档创造得分的机会。

(二)接发球战术

1. 一区接发球

(1)挑直线高球越过对方网前运动员的头顶。一区接发球挑出高质量的高球,可以迫使对手在较困难的状况下击球,制造出第二次击球的好机会,为搭档打出穿越球或打出过顶球创造条件。

(2) 对方发球质量一般时,本方使用斜线接发球将球打深,阻止发球方上网且为搭档创造得分条件;对方发球质量较差时,本方快速上前站入场内迎击球,可打对方两名运动员中间的区域或直线穿越。

2. 二区接发球

二区接发球时,若发球员的发球势大力沉时,本方多采用借力磕挡式接发球,使球越过对方网前运动员并落入后场深区,化解对方发球的威力。若对方发出的球威胁性不是很大的时候,可以打出正常的反手斜线球,亦可以避开反手,使用正手打出角度较大的对角线球。如果对方发球较弱,则可以反手接发直线或正手侧身攻击直线。

(三) 截击战术

在双打网球比赛中,常常出现双方运动员都在网前,并以快速截击球进行相互攻击的场面。因此,双打对网前截击球技术要求较高,运动员不仅要有良好的判断力、快速的反应力,还需要有敏捷的步法和娴熟的截击技术。网前截击球战术要求干净利落并具有较强威胁性。

1. 对于发球方

(1) 如对方接发球员没有上网,发球上网后的第一拦击应给该接发球员,然后继续向前跟进。要求截击球拦得平而深,回球质量高。

(2) 如对方接发球上网,发球上网后的中场第一拦击应拦至对方上网者的脚下或同侧单双打边线之间的区域内。要求控制好截击球力量,以便拦击出好的落点。

(3) 发球员搭档应根据发球员的发球质量及对方接发球员的习惯,选择性地进行抢网,干扰对方的接发球。要求将球拦到对方网前运动员脚下或同侧单双打边线之间的区域内。

2. 对于接发球方

(1) 接发球上网后的网前截击,应根据对方发球后的回球质量,选择迎上截击将球打深、打快;或选择控制落点,将球拦至对方运动员脚下、两人间的空当、同侧单双打边线之间的区域内。

(2) 如果发球员发球上网中场第一拦回球的高度较高时,接发球员的搭档应立即抢网截击,动作要突然,击球要凶狠。

（四）挑高球战术

挑高球战术是双打网球比赛中极其常用的基本战术。挑高球战术的运用涉及时机、站位两个基本要素。

1. 挑高球时机

如果对方发球颇具威胁，本方运动员又不能有效应对速度快、落点刁的来球时，那么接发球方的两名运动员都应该靠近底线区域，尽量用挑高球技术进行回击。

2. 挑高球时站位

打进攻性挑高球时，本方运动员应在场内较前的右侧方位取位，这可以为打出对方身后的直线高球制造机会。对方网前运动员较难判断本方是进入场内准备抢打，还是从哪个位置上挑高球。

（五）底线抽击战术

双打中的底线抽击战术主要运用于接发球和底线破网，变被动为主动，并争取得分。在双打比赛中，双方运动员都力争上网、主动进攻，只是在接发球时，若对方发球上网及网前抢网能力很强，才不得不退至底线进行防守反击。虽说在底线击球采取的是防守性打法，但只要打出的破网球能给对方网前得分造成困难，也同样能变被动为主动。因此，在双打中的底线抽击球应做到以下3点。

（1）底线抽击球要有成功率。力争每个球都能回击过网，让对方网前回球质量下降，然后伺机进攻。

（2）底线抽击球一定要打得凶狠、巧妙。平击与上旋相结合，快打与轻拉相结合，使对方在网前因对来球捉摸不定、判断不准而失误。

（3）"双上网"站位时，为了防止对方直线穿越，网前的运动员一般都不会处于球场的中间位置，而在场地的两边取位。因此，底线抽击球时，选择打对方两名运动员中间区域成为破网常用的战术之一。

第九章　规矩绳墨之准则：
竞赛规则与裁判法

第一节　网球竞赛规则[①]

网球竞赛规则（以下简称"竞赛规则"）可以分为场地与设备规则、发球与接发球规则、计分规则，以及其他通用规则四个部分。

一、场地、设备规则

1. 场地（竞赛规则第 1 条）

网球场地（图 9-1）应该是长方形，长度为 23.77 米（78 英尺），单打比赛的场地宽度为 8.23 米（27 英尺），双打比赛场地的宽度为 10.97 米（36 英尺）。

场地由一条球网从中间处分隔开，悬挂在网绳或金属绳上，附着或绕在 1.07 米（3.5 英尺）高的两根网柱上。球网应充分展开，填满两个网柱之间的空间，网孔的大小应确保球不能从中间穿过。球网中心的高度应当为 0.914 米（3 英尺），并用中心带向下绷紧固定，网绳、金属绳和球网的上端应当用一条网带包裹住，中心带和网带均应完全为白色。

· 网绳或金属绳的最大直径为 0.8 厘米（0.33 英寸）；
· 中心带的最大宽度应为 5 厘米（2 英寸）；
· 球网两侧的网带宽度应当在 5～6.35 厘米（2～2.5 英寸）之间。

[①] 参见中国网球协会《网球竞赛规则（2018）》，人民体育出版社 2018 年版。

双打比赛中，每侧网柱的中心应距双打场地的外沿 0.914 米（3 英尺）。

单打比赛中，如果使用单打球网，每侧网柱的中心应距单打场地的外沿 0.914 米（3 英尺）。如果使用双打球网，那么球网要用两根高 1.07 米（3.5 英尺）的单打支柱支撑起来，每侧单打支柱的中心距单打场地的外沿 0.914 米（3 英尺）。

- 网柱的边长/直径不应超过 15 厘米（6 英寸）；
- 单打支柱的边长/直径不应超过 7.5 厘米（3 英寸）；
- 网柱和单打支柱不能高出网绳 2.5 厘米（1 英寸）以上。

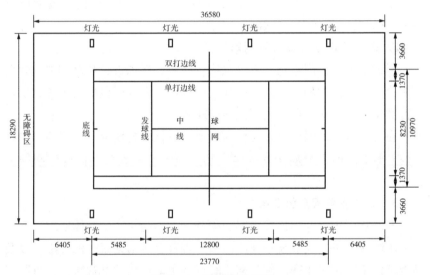

图 9−1　网球场地示意

注：1. 场地的测量值应以各条线的外沿为基准，图中各数据的单位为毫米。
　　2. 底线和后挡板之间，以及边线和侧挡板之间的最短距离参见本书附录二。

球场两端的界线称为底线（或称端线），两侧的界线称为边线。

在两条单打边线之间画两条距球网 6.4 米（21 英尺）并且与球网平行的线，这两条线称为发球线。连接两条发球线中点并与边线平行的线，为发球中线。

球网每一边的发球线和球网之间的区域，被一条发球中线分成相同的两部分，称为发球区。发球中线应当和单打边线平行并且与两条边线的距离相等。

每一条底线都被一条长 10 厘米（4 英寸）的中心标志分为相等的两部分，中心标志要画在场地内并且和单打边线平行。

·发球中线和中心标志的宽度为 5 厘米（2 英寸）；

·除底线的最大宽度可以为 10 厘米（4 英寸）外，场上其他线的宽度均应介于 2.5～5 厘米（1～2 英寸）之间。

场地的所有测量都应以线的外沿为基准，场地上的所有线的颜色必须相同，并且和场地的颜色有明显的区别。

除本书附录四中另有规定的以外，在场地、球网、中心带、网带、网柱或单打支柱上均不允许放置广告。

除上述场地外，在本书附录七中的"红色"和"橙色"场地可以用于 10 岁及以下组别的比赛。

2. 永久固定物（竞赛规则第 2 条）

场地上的永久固定物，不仅包括后挡板、侧挡板、观众、观众看台和座位、场地周围和上方的所有其他固定物，而且还包括处于各自规定位置的主裁判、司线员、司网裁判和球童。

在使用双打球网和单打支柱的场地上进行单打比赛时，网柱、单打支柱外侧的球网部分属于永久固定物，而不能视其为网柱或球网的一部分。

3. 球（竞赛规则第 3 条）

网球规则中批准的比赛用球必须符合本书附录一的具体要求。

国际网联负责裁决某种球或模型是否符合本书附录一的标准，以及是否可以批准用于比赛。国际网联既可以主动作出此类裁决，也可以根据相关方的申请裁决，包括运动员、器材生产厂商、国家网球协会或其会员等。此类申请与裁决应当按照国际网联的审查与听证程序（参见本书附录八）来进行。

赛事组织方必须在赛前公布比赛中用球的数量（2 个、3 个、4 个或 6 个）和换球方案。

如果换球，可采用两种方式中的任何一种。

（1）规定某单数局结束后换球。在这种情况下，由于热身活动用球的原因，比赛中第一次换球必须比规定的局数提前两局进行。平局决胜局在换球时算作一局，平局决胜局开始前不应换球。在这种情况下，换球应当推迟到下一盘第二局的开始前。

(2) 在每盘开始前换球。

如果球在活球期破裂,这一分应当重赛。

判例:

如果在一分结束后发现球变软,这一分球是否应重赛?

答案:如果球只是变软而没有破裂,这一分不应重赛。

4. 球拍(竞赛规则第 4 条)

网球规则中批准的比赛用拍必须符合下述要求。

(1) 球拍由拍框和拍弦组成,拍框包括拍柄、拍头(和拍颈)。拍头即球拍中与拍弦连接的部分。拍柄即与拍头相连,运动员正常手持拍的部分。拍颈指连接拍头与拍柄的部分。

(2) 球拍的击球面是指交叉弦的主要部分,击球面应当平整,由连接在拍框上的弦组成,拍弦在交叉的地方应当是互相交织或互相结合的;交叉弦应当大体一致,尤其是中心的密度不能低于其他部分的密度。球拍的设计和穿弦方式应使球拍两面的击球特性完全一致。

(3) 球拍的总长度不能超过 73.7 厘米(29 英寸),总宽度不能超过 31.7 厘米(12.5 英寸)。以拍柄中轴线为基准测量时,击球平面的总长度不能超过 39.4 厘米(15.5 英寸);以拍柄中轴线垂直线为基准测量时,击球面的总宽度不能超过 29.2 厘米(11.5 英寸)。

(4) 球拍上不能有任何可以从实质上改变球拍形状,或改变球拍轴方向的惯性矩,或者改变球拍物理性质从而影响球拍击球性能的物件、凸起或装置。获得批准的运动员分析技术,或用来减少或防止损耗或振动,或分配拍框重量的除外,但尺寸和位置必须合理并与其用途相符。

任何形式的、能够改变或影响球拍性能的能源装置,都不能装进或附着在球拍上。

国际网联负责裁决某种球拍或模型是否符合标准,以及是否可以批准用于比赛。国际网联既可以主动作出此类裁决,也可以根据相关方的申请裁决,包括运动员、器材生产厂商、国家网球协会或其会员等。此类申请与裁决应当按照国际网联的审查与听证程序(参见本书附录八)来进行。

判例 1:

球拍击球面是否允许有一套以上的拍弦?

答案：不允许，规则中提及只能有一组交叉弦（参见竞赛规则第4条）。

判例2：

如果弦穿在了一个以上的平面上，是否可以认为拍弦是大体一致的和平整的？

答案：不可以。

判例3：

减振器是否可以装在拍弦上，如果可以，应当装在什么位置？

答案：可以，但只能装在交叉弦外侧。

判例4：

在一分未结束时，运动员的拍弦意外断裂，他可以用这把球拍继续比下一分吗？

答案：可以，但赛事组织方特别禁止的除外。

判例5：

在比赛中的任何时候，运动员可否使用一把以上的球拍？

答案：不可以。

判例6：

可以在球拍内嵌入会影响击球特性的电池吗？

答案：不可以，比赛中禁止使用电池、太阳能电池或其他类似的产生能源的设备。

二、计分规则

1. 局分（竞赛规则第5条）

（1）常规局。

在常规局的比赛中，应首先呼报发球运动员的得分，计分如下：

无得分——0

第一分——15

第二分——30

第三分——40

第四分——本局比赛结束

若两名运动员/队都获得了三分，则比分为"平分"。"平分"后如果一名运动员/队获得分，则比分为"占先"。如果"占先"的这名运动员/队又获得分，他即赢得了这一局；如果"占先"后是另一名运动员/队获得分，则比分仍为"平分"。运动员/队需要在"平分"后连续获得两分，才能赢得这一局。

（2）平局决胜局。

在平局决胜局中，使用阿拉伯数字0、1、2、3等计分。首先赢得7分并净胜对方两分的运动员/队赢得这一局及这一盘。决胜局有必要进行到一方运动员/队净胜对方两分为止。

轮及发球的运动员在平局决胜局中首先发第一分球，随后的两分由他的对方发球（在双打比赛中，对方队中轮及应该发球的运动员进行发球）。此后，每一名运动员/队轮流连续地发两分球，直到平局决胜局结束（在双打比赛中，队内发球顺序应与该盘发球顺序相同）。

在平局决胜局中首先发球的运动员/队，应当在下一盘的第一局开始时首先接发球。

其他批准的备选计分方法可参见本书附录五。

2. 盘分（竞赛规则第6条）

盘分有不同的计分方法，主要的计分方法是"长盘制"和"平局决胜局制"两种。比赛中可以使用其中任何一种计分方法，但必须在赛前事先宣布。如果使用的是"平局决胜局制"的计分方法，还必须宣布决胜盘将采用"平局决胜局制"还是"长盘制"。

（1）"长盘制"。

先赢得6局并净胜对方2局的运动员/队赢得一盘。一盘有必要进行到一方运动员/队净胜2局为止。

（2）"平局决胜局制"。

先赢得6局并净胜对方2局的运动员/队赢得一盘。如果局分达到6∶6时，则须进行"平局决胜局"。

其他批准的备选计分方法可参见本书附录五。

3. 赛制（竞赛规则第7条）

比赛可以采用三盘两胜制，先赢得两盘的运动员/队赢得比赛；或采用五盘三胜制，先赢得三盘的运动员/队赢得比赛。

其他批准的备选计分方法可参见本书附录五。

三、发球、接发球规则

1. 发球员和接发球员（竞赛规则第 8 条）

运动员/队应当分别站于球网两侧。发球员是指发出第一分球的运动员，接发球员是指准备回击发球的运动员。

判例：

接发球员可以站在线外的场地上吗？

答案：可以。接发球员可以站在同侧的场地内或场地外的任何位置接球。

2. 发球次序（竞赛规则第 14 条）

在常规局结束后，该局的接发球员在下一局中发球，该局的发球员在下一局中接发球。

双打比赛中，在每一盘第一局开始前，由先发球的队决定哪一名运动员先在该局发球。同样，在第二局开始前，他们的对方也应当决定由谁在该局先发球。第一局发球员的搭档在第三局发球，第二局发球员的搭档在第四局发球。这一次序一直延续到该盘结束。

3. 双打的接发球次序（竞赛规则第 15 条）

在每一盘的第一局，首先接发球的那队要决定哪一名运动员在该局接第一分发球。同样，在第二局开始前，他们的对方也应当决定哪一名运动员在该局接第一分发球。先接第一分发球的运动员的搭档应当接本局的第二分发球，这一次序一直延续到该局和该盘结束。

接球员接完发球后，该队中的任何一名运动员都可以回击球。

判例：

可以允许双打搭档中的一名运动员单独和对方进行比赛吗？

答案：不可以。

4. 发球动作（竞赛规则第 16 条）

在即将做出发球动作前，发球员必须静止站在底线后（即远离球网的那一侧），双脚位于中心标志的假定延长线和边线的假定延长线之间。

然后，发球员应当用手将球向任何方向抛出并在球落地前用球拍将球击出。在球拍击到球或未能击到球的那一刻，整个发球动作即被认为已经完成。对于只能使用一只手臂的运动员，可以用球拍完成抛球。

5. 发球的程序（竞赛规则第 17 条）

在常规发球局中，发球员在每一局都应当从场地的右侧半区开始，交替在场地的两个半区发球。

在平局决胜局中，第一分发球应当从场地的右侧半区发出，然后交替从场地的两个半区发球。

发出的球应当越过球网，在接发球员回球之前落到对角方向的发球区内。

6. 脚误（竞赛规则第 18 条）

在发球的整个动作过程中，发球员不可以有以下动作：

a. 通过走动或跑动来改变位置，但允许脚步轻微移动；

b. 任何一只脚触及底线或场地内；

c. 任何一只脚触及边线假定延长线外的地面；

d. 任何一只脚触及中点标志的假定延长线。

如果发球员违反了这些规定之一，就是一次"脚误"。

判例 1：

在单打比赛中，发球员可否站在底线后的单打边线与双打边线之间的位置发球？

答案：不可以。

判例 2：

发球过程中是否允许发球员的一只脚或者双脚离开地面？

答案：允许。

7. 发球失误（竞赛规则第 19 条）

下列情况为发球失误：

a. 发球员违反了竞赛规则第 16、17 或 18 条；

b. 发球员试图击球时未能击中；

c. 发出的球在触地前碰到了永久固定物、单打支柱或网柱；

d. 发出的球触到了发球员或发球员的搭档，或所穿戴的或携带的任何物品。

判例 1：

在发球时，发球员将球抛出后决定不击球而接住球，这是一次发球失误吗？

答案：不是。运动员抛球后可以决定不击球，可以用手或球拍将球接住，或让球落地。

判例2：
单打比赛在有网柱和单打支柱的场地上进行时，发球时球击中了单打支柱后落在了有效的发球区内，这是一次发球失误吗？

答案：是。

8. 第二发球（竞赛规则第20条）

如果第一发球失误，发球员应当立即从同一半区再发一次，除非第一发球是从错误的半区发出的。

9. 何时发球和接发球（竞赛规则第21条）

发球员应该在接发球员做好准备以后再发球。但是，接发球员应当按照发球员合理的发球节奏来比赛，并在发球员准备发球时，在合理的时间内做好接发球的准备。

接发球员如果试图回击发球，则视为已做好准备。如果证实接发球员确未做好准备，那么该次发球不能被判为失误。

10. 重新发球（竞赛规则第22条）

如果出现下列情况应重新发球：

a. 发出的球触到了球网、中心带或网带后落在有效发球区内；或在球触到了球网、中心带或网带后落地前触到了接发球员或其搭档，或他们穿戴的或携带的任何物品；

b. 球发出时，接发球员还没有做好准备。

在重发球时，之前的那次发球作废，发球员应该重发，但是不能取消重发球前的发球失误。

其他批准的备选程序可参见本书附则Ⅴ。

11. 重赛（竞赛规则第23条）

除了在第二发球时呼报重新发球是指重新发该次发球外，在所有其他情况下，当呼报重新发球时，这一分必须重赛。

判例：
在活球期间，另一个球滚入场地内。裁判员呼报重新发球。发球员之前有一次发球失误，此时发球员应获得第一，还是第二发球的权利？

答案：整个这一分必须重赛。

四、其他通用规则

1. 场地和发球的选择（竞赛规则第 9 条）

在准备活动开始前，通过掷币的方式决定比赛的第一局所处的场地和发球/接发球权。掷币获胜的运动员/队可以选择：

a. 在比赛的第一局中先发球或先接发球，在这种情况下，对手应选择场地；

b. 比赛的第一局所处的场地，在这种情况下，对手应选择先发球或先接发球；

c. 要求对手作出以上任意一种选择。

判例：

如果准备活动被中断，运动员离开了场地，双方运动员/队是否有重新选择的权利？

答案：有，原掷币结果仍然有效，但是双方运动员/队都有权利重新选择。

2. 交换场地（竞赛规则第 10 条）

运动员应在每一盘的第一局、第三局和随后的每一个单数局结束后交换场地。运动员还应在每一盘结束后交换场地，但当一盘结束后双方所得局数之和为偶数时，运动员须在下一盘第一局结束后交换场地。

在平局决胜局中，运动员应在每 6 分后交换场地。

其他批准的备选方案可参见本书附录五。

3. 活球（竞赛规则第 11 条）

除了发球失误或呼报重赛之外，该球从被发球员击出开始到该分结束为止为活球。

4. 压线球（竞赛规则第 12 条）

如果球压线，则这个球被认为是落在以该线作为界线的场地之内。

5. 球触及永久固定物（竞赛规则第 13 条）

如果活球落在正确的场地内后触到了永久固定物，则击出该球的运动员赢得该分；如果活球在落地前触到了永久固定物，则击出该球的运动员失分。

6. 运动员失分（竞赛规则第 24 条）

如果出现下列情况，运动员将失分：

a. 发球员连续两次发球失误；

b. 在活球状态下，运动员在球连续两次落地前不能将球回击过网；

c. 在活球状态下，运动员回击的球落到有效击球区外的地面或在落地前碰到有效击球区外的其他物体；

d. 在活球状态下，运动员回击的球在落地前触到永久固定物；

e. 接发球员在发球没有落地前击球；

f. 运动员故意用球拍托带或接住处于活球状态中的球，或故意用球拍触球超过一次；

g. 在活球状态下的任何时候，运动员或他的球拍（无论球拍是否在他手中），或他穿戴的或携带的任何物品触到球网、网柱/单打支柱、网绳或金属绳、中心带或网带，或对方场地；

h. 运动员在球过网前击球；

i. 在活球状态下，除了运动员手中的球拍以外，球触及运动员的身体或他穿戴的或携带的任何物品；

j. 在活球状态下，球触到了运动员的球拍，但球拍不在他的手中；

k. 在活球状态下，运动员故意并实质性地改变了球拍的形状；

l. 双打比赛中，同队的两名运动员在回球时都触到了球。

判例 1：

发球员在发出第一次发球后，球拍从他的手中脱落，在球落地前球拍碰到了球网。这是一次发球失误，还是发球员失分？

答案：发球员失分，因为在活球期间球拍触及了球网。

判例 2：

发球员在第一次发球后，球拍从他的手中脱落，在球落地触及有效发球区以外的地面后球拍碰到球网。这是一次发球失误，还是发球员失分？

答案：这是一次发球失误，因为球拍触及球网时，球已经不在活球期内了。

判例 3：

双打比赛中，接球员的搭档在对方发出的球触及有效击球区以外的地面前触及球网，应当如何判定？

答案：接球方失分，因为活球期间接球员的搭档触及球网。

判例 4：

运动员在击球前或击球后越过球网的假定延长线，运动员是否失分？

答案：在这两种情况下，如果运动员没有触及对方的场地，都不失分。

判例 5：

活球期间，运动员可否越过球网进入对方的场地内？

答案：不可以，这名运动员失分。

判例 6：

活球期间，运动员抛拍击球，球和球拍均落入对方的场地内，对方未能击到球，哪一名运动员赢得该分？

答案：抛拍击球的运动员失分。

判例 7：

发球在触地前刚好击中接发球员，或双打比赛中接发球员的搭档，哪一名运动员赢得该分？

答案：发球员赢得该分，除非裁判呼报重发。

判例 8：

运动员站在场地外回击或接住还未落地的球，并且宣称赢得该分，因为球一定会飞出有效场地外？

答案：该名运动员失分。除非这是一次有效的回球，在这种情况下应该继续比赛。

7. 有效回击（竞赛规则第 25 条）

下列情况属于有效回击：

a. 球触到了球网、网柱/单打支柱、网绳或金属绳、中心带或网带并且越过球网后落到有效场地内；竞赛规则第 2、24 条 d 款除外；

b. 在活球状态下，球落在有效场地内后旋转或被风吹回过网，运动员过网击球，将球击打到有效场地内，并且没有违反竞赛规则第 24 条的规定；

c. 回击球从网柱外侧绕过，无论该球是否高于球网，即使触到网柱，只要落在有效场地内，竞赛规则第 2、24 条 d 款除外；

d. 球从单打支柱及其相邻网柱之间的网绳下面穿过而又没有触及

球网、网绳或网柱，并且球落在有效场地内；

e. 运动员在自己球网一侧内回击球后，球拍随球过网，球落入有效场地内；

f. 在活球状态下，运动员击出的球碰到了有效场地内的另一个球。

判例1：

运动员的回球击中单打支柱并落入有效场地内，这是否为有效回击球？

答案：是有效击球。但如果发球触到单打支柱，则为发球失误。

判例2：

活球期间，球击中有效场地内的另一球，应当如何判定？

答案：继续比赛。然而，如果裁判员此时不能确定回击的球是否为活球状态下的球，则这一分应当重赛。

8. 干扰（竞赛规则第26条）

如果运动员在某一分球的比赛中受到对方故意干扰，那么这名受干扰的运动员赢得该分。

然而，如果运动员在某一分的比赛中遭到对方非故意干扰，或者自身无法控制（除场地上的永久固定物外）的干扰时，这一分应当重赛。

判例1：

无意的连击是否为干扰？

答案：不是，参见竞赛规则第24条f款。

判例2：

该运动员认为其对方运动员受到干扰所以停止击球，这是否为一次干扰？

答案：不是，这名运动员失分。

判例3：

比赛中球击中飞过球场上空的鸟，这是否为一次干扰？

答案：是的，这一分应当重赛。

判例4：

在一分之中，该分开始前已经在运动员这一侧场地内的一个球或其他物体干扰了运动员，这是否为一次干扰？

答案：不是。

判例5：

在双打比赛中，发球员和接发球员的搭档应该站在何处？

答案：发球员和接发球员的搭档可以站在球网一侧本方场地内或场地外的任何位置。然而，如果运动员干扰对方，那么将使用干扰规则。

9. 更正错误（竞赛规则第27条）

原则上，当比赛中发现违反竞赛规则的错误时，先前所有的比分都有效，发现的错误应当按照如下条款更正：

a. 在常规局或平局决胜局中，如果运动员从错误的半区发球，此错误一经发现应当立即更正，发球员要按照场上的比分从正确的半区发球。发现错误前的发球失误仍有效。

b. 在常规局或平局决胜局中，如果双方运动员场地站边错误，此错误一经发现应当立即更正，发球员要按照场上的比分从正确的一边场地发球。

c. 在常规局中，如果出现运动员的发球次序错误，此错误一经发现，由本应发球的运动员立即发球。然而，如果在错误发现前该局已经结束，则发球的次序按照已改变的次序进行。在这种情况下，此后的所有换球必须比原先规定的局数推后一局进行。

如果在发现发球次序错误前，对方有一次发球失误，则此次发球失误无效。

在双打比赛中，如果同队的两名运动员发球次序错误，则发现错误以前的发球失误仍有效。

d. 在平局决胜局中，运动员发球次序错误。如果此错误是在双数比分结束后发现的，则错误一经发现就应当立即更正。如果错误是在单数比分结束后发现的，则发球的次序就按照已改变的次序进行。

发现发球次序错误前的发球失误无效。

在双打比赛中，如果是同队的两名运动员发球次序错误，则错误发现前的发球失误有效。

e. 在双打比赛的常规局或平局决胜局中，如果接发球次序出现错误，则按照已发生的错误次序继续进行，直到这一局结束。在这一盘的下一次接发球局，这对运动员应当恢复最初的接发球次序。

f. 赛前规定的是"长盘制"的比赛，但是在局数6:6时错误地进行了"平局决胜局"的比赛，如果此时仅仅进行了第一分的比赛，则此错误应立即更正；如果发现错误时第二分比赛已经开始，则这盘比赛将按照"平局决胜局制"继续进行。

g. 赛前规定的是"平局决胜局制"的比赛，但是在局数6：6时错误地开始了常规局的比赛，如果此时仅仅进行了第一分的比赛，则此错误应立即更正；如果发现错误时第二分比赛已经开始，则这盘比赛将按照"长盘制"继续进行，直到双方的局数达到8：8时（或更高的偶数平局时）再进行"平局决胜局"的比赛。

h. 赛前规定决胜盘采用"平盘决胜局制"，但是在决胜盘错误地进行了"平局决胜局制"或"长盘制"的比赛，如果此时仅仅进行了第一分的比赛，则此错误应立即更正；如果发现错误时第二分比赛已经开始，则这一盘比赛继续进行，直到一名运动员/队赢得3局（赢得这一盘），或是到局数2：2平时，再进行"平盘决胜局"的比赛。然而，如果在第五局的第二分比赛开始后才发现错误，则这一盘将以"平局决胜局制"继续比赛。（参见本书附录五）

i. 如果没有按照正常的顺序换球，那么要等到应该发新球的运动员/队下一个发球轮次时更换新球。此后的换球顺序仍然按照最初的规定，在达到既定的换球局数后再进行。在一局比赛进行时不能换球。

10. 场上技术官员的作用（竞赛规则第28条）

在设有技术官员的比赛中，他们的作用和职责参见本书附录六。

11. 连续比赛（竞赛规则第29条）

原则上，比赛从第一分发球开始直到比赛结束应当连续地进行，以下事宜除外：

a. 分与分之间，最长间隔时间为20秒。运动员在单数局结束后交换场地时，最长间隔时间为90秒。

但是，在每盘的第一局结束后和在平局决胜局进行时，比赛应连续进行，运动员没有休息时间，直接交换场地。

在每一盘结束后，盘间最长间隔时间为120秒。

最长间隔时间是指从上一分球结束时开始，直到下一分第一次发球击球时为止。

赛事组织方可以向国际网联申请批准延长单数局结束时运动员交换场地的90秒间隔时间，以及盘间120秒的时间间隔。

b. 如果出现运动员服装、鞋子或必要的装备（不包括球拍）损坏或需要更换等不受运动员控制的情形,可以给予运动员合理的额外时间去解决。

c. 不能给予运动员额外的时间恢复体力。但是,当运动员出现可以治疗的伤病时,可以获得一次3分钟的医疗暂停来治疗该伤病。如果赛前已宣布,则可以允许一定次数的上卫生间/更换衣服的时间。

d. 如果赛事组织方赛前已经宣布,整场比赛允许有一次最长为10分钟的休息时间,则可以在五盘三胜制比赛的第三盘结束之后,或三盘两胜制比赛的第二盘结束之后采用。

e. 除非赛事组织方事先另行规定,否则准备活动时间最长为5分钟。

12. 指导(竞赛规则第30条)

以任何方式对运动员进行任何种类的交流、建议或各种指示都被认为是指导。

在团体赛中如果领队坐在场内,运动员可以在盘间休息和单数局结束运动员交换场地时接受领队的指导,但是在每一盘的第一局结束后和决胜局中交换场地时不能接受指导。

在其他的任何比赛中,运动员都不能接受指导。

判例1:
如果指导是不易察觉的暗号,运动员可以接受这样的指导吗?
答案:不可以。

判例2:
比赛暂停期间,运动员可以接受指导吗?
答案:可以。

判例3:
在比赛期间,是否允许运动员接受场上指导?
答案:执行机构可以向国际网联申请允许场上指导。在允许场上指导的赛事中,指定的教练员可以进入场地,按照执行机构制定的程序对运动员进行指导。

13. 运动员分析技术(竞赛规则第31条)

网球规则批准的运动员分析技术必须符合本书附录三的具体要求。

国际网联负责是否批准使用此类设备。国际网联既可以主动作出此类裁决,也可以根据相关方的申请裁决,包括运动员、器材生产厂商、国家网球协会及其会员。此类申请与裁决应当按照国际网联相应的审查与听证程序（参见本书附录八）进行。

14. 轮椅网球规则（竞赛规则第 32 条）

除以下特殊规定外，轮椅网球运动遵照国际网联制定的网球规则执行。

（1）两跳规则。轮椅网球运动员允许球落地两次后击球，运动员必须在球第三次落地前回击，球第二次落地可以落在场地内或场地外。

（2）轮椅。轮椅视为身体的一部分，所有涉及运动员身体的规则对于轮椅同样适用。

（3）发球。发球应当按照以下方式进行：

·在开始发球前，发球员必须处在静止状态；在击球前，发球员可允许向前推一次轮椅；

·在整个发球过程中，发球员轮椅的轮子不能触及除了底线后面、边线和中心标志假定延长线之间以外的其他区域；

·如果四肢瘫痪的运动员不能正常发球，则可以由自己或他人抛球，并在落地后击球。在这种情况下，整场比赛中必须使用同样的发球方法。

（4）运动员失分。如果出现下列情况则运动员失分：

·未能在球第三次落地前回击；

·除本条第 6 款的情形外，活球期间，运动员在发球、击球、转向、停轮椅时，脚或下肢①触地或碰到轮子；

·在击球时没有保持臀部一侧与轮椅接触。

（5）轮椅。在依据轮椅网球规则进行的比赛中，所使用的轮椅应当符合以下具体要求：

·轮椅可以使用任何材质，但不能反光，不能给对手造成干扰；

·轮椅只能有一个驱动轮。不可以为轮椅增加动力装置，如操纵杆或传动装置。在正常比赛中，车轮不能对场地表面造成永久痕迹或破坏；

·除第本条第 5 款第 5 项规定外，运动员只能使用轮子（包括驱动轮）推动轮椅；不能使用方向盘、刹车、传动装置或其他设备辅助操

---

① 下肢包括臀部、髋部、大腿、小腿、踝和脚。

作轮椅，包括能量储备系统；

·座椅的高度（包括坐垫）应该固定，在活球期间，运动员的臀部应当与座椅保持接触；可以使用绑带将运动员固定在轮椅上；

·符合国际网联分类手册第 4.5 条规定的运动员可以使用电动轮椅，电动轮椅向任意方向的移动速度不能超过每小时 15 千米，并且只能由运动员本人操作；

·因正当医学原因对轮椅进行改动，可向国际网联提出申请。申请须在拟参加国际网联批准的比赛前至少 60 天提交至国际网联体育科学和医学委员会批准。如果未获批准，可以依据国际网联轮椅网球规定的附录 A 进行申诉。

（6）用脚推动轮椅。

·如果由于身体原因，运动员不能通过车轮驱动轮椅，那么他可以使用一只脚驱动轮椅；

·即使根据本条第 6 款第 1 项的规定，运动员使用一只脚驱动轮椅，在向前挥拍期间（包括击球时），或从发球动作开始直到击球时，运动员的脚也都不能接触地面；

·运动员违反本条规则将失分。

（7）轮椅网球/健全人的比赛。

当轮椅运动员和健全人进行单打或双打比赛时，轮椅运动员要遵守轮椅网球规则，而健全人则要遵守健全人网球规则。在这种状况下，轮椅运动员击球前允许球落地两次，而健全人击球前只允许球落地一次。

15. 沙滩网球规则

沙滩网球规则由网球规则委员会及国际网联董事会批准，可以通过网站查询（http：//www.itftennis.com/beachtennis/home）。

16. 竞赛规则的变更与解释（竞赛规则第 33 条）

只有在国际网联的年度代表大会上可以修改或解释竞赛规则。

修改竞赛规则须根据国际网联章程第 17 条（决议通知）的规定提交至国际网联，该决议或类似性质的内容须通过投票表决，得票率超过 2/3 方可生效。竞赛规则的任何变更都要从下一年的 1 月 1 日起生效，大会通过表决另行规定的除外。

国际网联董事会有权在下一年的年度代表大会批准之前，对所有的紧急问题作出解释。

第二节　网球比赛裁判法[1]

网球裁判队伍，包括裁判长、裁判组长、主裁判员、司线员、拾球员等。不同级别的比赛，对裁判员的级别和数量要求均有不同；而不同裁判的临场工作，亦有不同的操作规程。

一、裁判长

（一）裁判长的资格

裁判长是一切正式网球比赛所不可缺少的临场官员。裁判长是由主管该赛会的组织机构委派的全权代表，负责指挥着整个网球比赛。

比赛的级别不同，对裁判长资格的要求也不同。一般来说，国际网联将裁判长分为两级：金牌裁判长和银牌裁判长。国际大型比赛要由金牌裁判长担任，而地区性或较低级别的国际比赛则由银牌裁判长担任。我国国内的网球比赛，至少由中国网协批准的国家级裁判员担任裁判长一职。国际比赛中，根据比赛级别的不同，有的只设一名裁判长，有的设一名监督和一名裁判长。

（二）国际网联的监督和裁判长的职责

（1）担任现场终审仲裁人员。对竞赛规程、竞赛准则、行为准则、网球规则，以及由此产生的一切问题拥有解释权和处理权。

（2）赛前安排必要的学习和实习，以便使全体裁判员能全面了解所运用的各项规则与程序。

（3）指定裁判组长并保证其能正确地履行职责。

（4）安排每场比赛的主裁判员和司线员。

（5）当有必要改善比赛中的裁判工作时，他可撤换主裁判员，也可撤换或轮转司线、司网裁判员。

---

[1] 参见董杰编著《网球竞赛裁判工作手册》，高等教育出版社2016年版。

（6）保证比赛用场地、球网及网柱都能符合网球竞赛规则的要求，并且每一片场地都有符合竞赛要求的设备。

（7）保证赛场后的挡网、广告牌和后面的墙壁不可以是白色、黄色或其他浅颜色，以免干扰运动员的视线。

（8）在开赛前应决定并告知参赛者比赛的条件（如选用何种网球、用球数量、换球局数、地面情况、何种赛制、长盘或短盘，以及其他有关事项）。

（9）在运动员休息地的显著位置设布告栏，并通知所有的运动员。每日赛程表应尽快地张贴于此。任何运动员都有权从监督和裁判长处获得每天比赛安排。

（10）在固定的地点安置赛会时钟，并通知所有的运动员其安置的地点。除另有规定外，手表、怀表等不能用作赛会时钟。

（11）抽签前，应从竞赛委员会处得到"外卡"的名单，应与竞委会商讨以下事宜：

·报名参赛运动员的最后名单；

·种子排位所需的排名表；

·其他抽签需要的有关资料。

（12）进行预选赛和正选赛抽签工作。

（13）在监督和裁判长办公室及布告栏上张贴所有签到表（预选赛、正选赛、替换和幸运失败者）。

（14）以紧接前场的方式或限定开始时间的方式，安排每日比赛。

（15）当在沙地或其他松软地面上进行比赛时，应在赛前保证地面平整、场地线清楚。

（16）决定场地是否适合比赛。

（17）设置特定的地点，采用一切合理方式，按赛程要求，通知运动员上场比赛。

凡被通知上场比赛的运动员，均应准备上场比赛。在特殊情况下，由监督或裁判长决定何时通知运动员上场比赛，或裁定何时确已宣布过比赛。

（18）决定某一场比赛是否更换场地进行。

若因气候恶劣或其他无法避免的因素，导致正在进行中的比赛中断或暂停，若有必要排除运动员一天赛两场单打的可能性，或考虑有必要结束比赛，监督或裁判长无须考虑场地的地面性质和类别，可将比赛移到室内或室外场地进行。

在任何其他情况下比赛一旦正式开始，即第一分的第一发球已经发出，则未经双方同意，比赛不可更换场地进行。双方协商时，不可进行干涉。

尽可能在该盘双数局赛完后或一盘结束后，更换场地。

（19）因天气原因、光线不足或其他原因等，由监督或裁判长决定何时停赛。若因天黑停赛，则应在该盘双数局赛完或整盘结束后停赛。

（20）在比赛中，负责调查违反行为准则的事实，并给予恰当的处罚。对违反行为准则严重的运动员，监督或裁判长可取消其比赛资格或罚款；对执法中有不良行为（如故意偏袒一方）的裁判员，监督或裁判长可撤换该裁判员。

（21）在赛前与赛后，安排护送运动员进场或退场。

（22）在比赛期间，如运动员对裁判员涉及有关规则问题的判定有异议，可提请裁判长解决，裁判长的判定就是最后的判定。比赛期间，监督或裁判长应始终在场，但监督或裁判长不可上场担任主裁判员。

（23）赛后，监督和裁判长最主要的两项工作，一是向赛会主办单位写出书面总结，二是给每位参加裁判工作的人员写出书面鉴定，并将此鉴定同总结一并上交主办单位。[①]

（三）竞赛要求的设备

1. 主裁椅

主裁椅的高度应在 1.82～2.44 米之间。

主裁椅的中心点距网柱 0.914 米。

若使用麦克风，必须固定安装，不可手持，并且要使用带有开关的麦克风。裁判椅应有遮阳设备。

2. 司线椅

发球司线员和底线司线员的座椅，应安放在其对应线的靠近挡网处或离边线 3.7 米外，但座椅不可垫高放置。

---

① 不同比赛的主办单位不同，国内比赛为中国网协（CTA），国际比赛一般为国际网联（ITF）、男子职业网协（ATP）和女子职业网协（WTA）。

中线司线员和边线司线员的座椅，除另有安排外，应放在场地后面。

当有阳光时，司线员不可正对阳光。若无阳光时，司线员的座椅应放在主裁判员对面。

3. 司网裁判员座椅

司网裁判员座椅应放在网柱边，并应尽可能地放在主裁判员对面。

4. 运动员座椅

运动员座椅应放在主裁椅两侧。

5. 场上用品

每场比赛均应供应运动员饮水、其他饮料，并备水杯、毛巾等。

6. 量具

应具备能测量网和单打支柱的尺。

7. 秒表、记分表等

每场比赛的主裁判员应有一块秒表、国际网联记分表和铅笔。

（四）裁判长安排每日比赛

（1）在安排第一天的比赛前，裁判长可与前一周比赛的监督或裁判长联系，以便确定仍在他处比赛的运动员前来参赛有无困难。在可能范围内，在不损害公平合理的赛程安排的条件下，裁判长在安排比赛时，对于因正在参加其他比赛而参加本场比赛有一定困难的运动员，可给予适当照顾。

（2）预选赛。单打预选赛应在正选赛开始前一天全部结束。除因天气或不可避免的因素干扰赛程外，预选赛中运动员每天最多能赛两场单打。若在一天内完成一轮以上的预选赛，其比赛顺序应由上至下或由下至上地按比赛抽签表秩序进行。

（3）正选赛。除天气或不可抗拒的因素干扰赛程外，运动员每天只能安排一场单打和一场双打。除监督或裁判长另有安排外，应安排运动员先进行单打后，进行双打。

二、裁判组长

裁判组长是裁判队伍的重要组成部分，其职责如下。

（1）召集足够的合格裁判员担任比赛的裁判工作。

（2）组织裁判员进行必要的赛前训练，并复习网球规则、竞赛规程和行为准则。

（3）准备一份比赛中所有裁判员名单，并注明通信地址、各自的裁判级别、批准机构（国际网联批准的或国家网协批准的）。应将此名单的复印件交监督或裁判长各一份。

（4）制定裁判员每天的上场顺序，所作安排需经监督或裁判长同意后方可生效。

（5）赛前召开碰头会，介绍有关场次的安排和执法程序，例如，如何呼报，裁判手势要求，场地轮转安排，等等。

（6）评估所有裁判员的工作表现。

（7）在比赛进行中，裁判组长应一直在比赛现场。除监督或裁判长另有安排外，裁判组长不能担任主裁判员或司线员。

（8）协助监督和裁判长履行职责。

三、主裁判员

（一）主裁判员的职责和程序

（1）主裁判员应熟悉网球规则、竞赛规程和行为准则中的所有内容。他（她）应按国际网联裁判员职责和程序进行工作。

（2）按照监督和裁判长的要求着装。

（3）确认正确的运动员姓名发音。

（4）在开赛前召集双方运动员：

·介绍与运动员有关的情况。

·在准备活动前，当双方运动员（队）均在场时，主裁判员抛掷挑边器，选择发球权或场地。如在比赛开始前，准备活动期间，因特殊情况暂停，抛掷挑边的结果仍然有效，但获优先权的运动员也可重新选择。

·决定运动员所穿的服装是否符合行为准则中关于服装的要求。运动员更换服装的时间若超过 15 分钟，则取消其比赛资格。

（5）开赛前，主裁判员应清楚监督或裁判长是否为运动员安排了进出球场的护送人员（指国际大赛）。主裁判员应在运动员进场之前提前到场。

（6）应备有秒表，用来计时，包括准备活动时间、比分与比分之间的 20 秒间歇、交换场地时的 90 秒，以及竞赛规则中所规定的任何其他特定时间。

（7）确保有足够的比赛用球及用过的旧球。

（8）裁决比赛中一切"事实"问题（当没有司线员时，应呼报出界球）。

（9）确保双方运动员及所有临场裁判员能按竞赛规则行事。

（10）当认为有必要改进裁判工作时，可撤换、轮转任何一位司线员、司网裁判员或脚误裁判员。

（11）主裁判员对比赛中出现的"裁判"问题可先作出裁决，但运动员有权向监督或裁判长提出申诉。

（12）按照国际网联裁判员职责和程序，在每分结束后宣报比分。

（13）当司线员或司网裁判员宣报不够响亮时，或当近线球需给予证实以消除运动员的疑虑时，主裁判员可重复宣报。

（14）按照国际网联裁判员职责或程序的要求记录比赛记分表。

（15）只有当司线员明显误判时，主裁判员方可改判，并且必须在司线员错判后立即改正。一切改判均应符合国际网联裁判员职责和程序的要求。当运动员明显脚误而司线员未判时，主裁判员应按照国际网联改正司线员明显误判的程序进行宣判。

（16）负责检查沙土球场上的球印，除沙土球场外，其他场地不可检查球印。

（17）尽力维持观众秩序。当观众有碍比赛进行时，主裁判员应婉言相劝，并请求合作。

（18）比赛时，主裁判员应负责引导拾球员协助运动员，而不是干扰运动员。

（19）确保比赛时场上有足够的比赛用球，负责换球并决定比赛用球是否适用。每次换球前，应预先开启球筒并做充分的检查，以避免因换球延误比赛。

（20）决定场地能否继续使用。比赛中若主裁判员认为条件的变化足以影响比赛继续进行时，或因雨或其他原因而迫使比赛暂停时，主裁判员应中断比赛并报告裁判长。暂停比赛直至改期再赛期间，主裁判员自己与其他所有临场裁判人员应随时做好恢复比赛的准备。

若因天黑停赛，则应在该盘的双数局赛完后，或整盘结束后方可停赛。

当监督或裁判长同意暂停或改期比赛后，主裁判员应记录时间和分、局、盘等比分，发球员姓名，双方在场上的位置并收集所在比赛用球。

（21）比赛后，主裁判员应向监督或裁判长全面汇报有关比赛中所有人员执行行为准则的情况。

（二）主裁判员的临场执法细节和技巧

1. 赛前

（1）主裁判员应该准备以下基本工具：

①记分表。

②带橡皮的铅笔。

③手携式秒表。

④挑边器（硬币）。

⑤量网（卷）尺。

（2）在运动员之前到达场地，检查以下事项：

①单打支柱。应在球网相反两侧，单打边线外0.914米处放置单打支柱。如果负责双打裁判工作，应确认单打支柱已被取掉。

②球网高度。球网中心带高度为0.914米。

③主裁判员座椅位置。

④司线员座椅位置。司线员不应面对太阳而坐，如可能的话，应在主裁判员对面而坐。

⑤网球。主裁判员应确保有足够新球完成比赛，并准备一些不同程度的旧球作为丢失球的替补。

⑥饮水、毛巾及运动员座椅这些物品都应提供给运动员。

（3）当运动员到场时，主裁判员应召开言简意赅的赛前会议：

①在网前等候运动员，当他们准备好后，召至网前开会。

②告知运动员比赛盘数、选用的赛制及换球制度。

③询问运动员对比赛规则有何问题。

④在双方运动员面前掷币以决定选择发球还是场地。牢记，挑边获胜运动员可以选择发球或接球，选择场地或要求对方运动员选择。

⑤检查运动员着装是否符合所应用的行为准则。

⑥填写记分表，标明挑边胜者及其选择。

2. 准备活动期间

（1）完成赛前会议，主裁判员应回到主裁判员座椅并在运动员第一次击球时开表计时。

（2）完成记分表的准备。

（3）在准备活动还剩两分钟时，宣报"两分钟"。

（4）在准备活动还剩一分钟时，宣报"一分钟"并介绍比赛：

这是第＿＿＿＿轮比赛，在我椅子左侧的是＿＿＿＿，右侧的是＿＿＿＿。采用三盘两胜（五盘三胜）及平局决胜局制。＿＿＿＿获挑边权并选择＿＿＿＿。

（5）当五分钟准备活动时间结束，宣报：

"时间到，准备比赛"，并指示将球交予发球方。

（6）当看到双方运动员已准备好，宣报：

"＿＿＿＿发球，比赛开始"，并在记分表上记录开始时间。

3. 赛中

主裁判员控制场上局面，并应该注意球场及其周围发生的情况。

（1）主裁判员目视发球员准备，并在其击球（第一发球和第二发球）前检查接球员准备状况，之后，目光移回发球员并注意发球。

（2）要目视失分运动员（如有问题或提问产生，肯定来自失分运动员），不要只顾低头看记分表。

（3）呼报分数。应遵循正确的国际网联报分程序：

①发球方的分数总是呼报在先，除了在平局决胜局制的小分中。

②报分。

15 比 0，0 比 15，15 比 15，15 比 30，30 比 30，40 比 30，平分（不要报 40 平）……＿＿＿＿占先，＿＿＿＿胜。

③当一分结束时，报分应响亮清晰，报分要迅速并在记分之前呼报。

④在一局/盘结束后，除了"＿＿＿＿胜"，裁判员应呼报局比分如下：第一盘第六局完，＿＿＿＿胜，局数4比2，＿＿＿＿领先；或第二盘完，＿＿＿＿胜，局数7比5，盘数1比1。

如果有观众可观看的记分板，则无须呼报盘比分。

⑤当一盘到达平局决胜的时候，呼报：第十二局完，＿＿＿＿胜，局数6比6，决胜局，＿＿＿＿发球。

⑥在决胜局中，先呼报分数（高分在前），再报出领先运动员姓名，如：1比0，＿＿＿＿领先；2比1，＿＿＿＿领先。

在平局决胜局报分中，用"zero"代替"love"。

决胜局结果呼报：第＿＿＿＿盘完，＿＿＿＿胜，局数7比6。

⑦当比赛得出结果后，宣报获胜方：全场比赛结束，＿＿＿＿胜，盘数3比2，局数6比4，1比6，7比6，4比6，6比2（每盘呼报中，比赛获胜者的分呼报在先）。

（4）记分表。

应根据国际网联认可的程序填写记分表。

①赛前：在与运动赛前会议前，完成记分表上所要求内容的填写，如赛事名称、轮次、换球、运动员姓名等。

②挑边：挑边之后，标明挑边胜方运动员及其选择。

③时间/中断期：

记录每盘比赛开始和结束的时间。

记录比赛中断的起止时间及原因。

④发球位置（区）：根据运动员在场中的正确位置，按发球顺序将运动员姓名的大写字头标入"发球区"的纵列中。

⑤换球：在记分表右侧换球处预先做好标记。

⑥记分：在记分表的表格用斜杠及以下字记分。

"A"——发球直接得分。

"B"——发球双误。

"C"——违反行为准则。

"T"——违反时间准则。

另外，"·"应标在发球员记分格底线正中，表示第一发球失误。

⑦违反准则：行为/时间准则的违反应分别在其相应表格中标明。

⑧事实陈述：应列举所有犯规事实，确切写明任何被认为是污秽的或有伤尊严的"骂人的"语句。

（5）主裁判员是场上事实问题的仲裁，球是界内还是出界？在没有司线员的情况下，主裁判员必须对所有的情况进行呼报。

（6）有司线员协助的情况下，当主裁判员看到明显错判时，可以对司线员进行更正，更正一定要迅速及时，不要在运动员申诉或反对后再作出更正。

（7）如果你担任沙地网球裁判工作，则有责任检查球印，并应遵循正确的国际网联程序。

（8）主裁判员应该掌握网球规则及相应的竞赛规程、行为准则。

（9）主裁判员应以网球规则内容作为判罚依据。请记住，运动员会就你在网球规则问题上的裁定（非事实问题的裁定），可以向裁判长或监督申诉。

（10）保证比赛的持续进行。

（11）如某一运动员在比赛中受伤，他（她）通常被允许接受3分钟的治疗。

（12）当下雨和场地状况不适应比赛时，或当赛场光线不够时，主裁判员应推迟比赛。无论何时，尽可能将推迟比赛定在一盘结束或双数局结束的时候。

（13）主裁判员负责换球并决定事实上用球是否适合比赛。

4. 赛后

（1）主裁判员以尽可能快的速度离开座椅（在运动员相互握手并回到座椅后），没有必要希望运动员与你握手。

（2）赛后不要与运动员交谈。

（3）完成记分表填写并交还裁判长。

5. 主裁判员工作的交流与控制

（1）交流。一名优秀的主裁判员会与运动员、司线员及观众有效的交流。

①与运动员：

听取并回答其问题。

要保持镇静。

有果断决策力。

②与司线员：

交换场地时交换眼光。

对近线球的呼报要用眼光交流。

具有支持力。

③与观众：

保持礼貌用语。

引导观众在分与分之间加油/鼓掌。

（2）控制。主裁判员控制场上比赛。

①作出决定并坚持。

②不要让运动员在界内外球的问题上争论。

③当场上因事实问题产生争论时，不要叫裁判长到场解决，运动员只有在网球规则问题上发生争论时，才有权叫裁判长到场。

四、司线员

在重大网球比赛中，都设有司线员。而一般的比赛，则在半决赛或决赛中才设司线员。在基层比赛中，组织者可根据需要安排司线员。每场比赛的司线员的人数可多可少，多则每条线都有人看管，少则一人司线也未尝不可。

优秀的司线员是做好比赛裁判工作的关键：准确的线上呼报会分担主裁判员的工作压力；而司线员的失误，如延误呼报、事后改判，则会给主裁判员带来诸多麻烦。

（一）司线员基本要素

（1）以作出准确呼报为目标。

（2）呈现充满自信的表情及宏亮而准确的呼报。

（3）运用所推荐的裁判技巧。

（4）如球擦到线上则为好球。

（5）最重要的呼报总是下一次呼报。

（6）自始至终要全神贯注。

（7）按时签到。

（二）司线员职责

（1）选择视角最好的位置，观察自己所司之线，如果视线被接球方遮挡，应适当向内外移动，进行调整。

（2）完成所负责线上的所有呼报，而对自己职责之外、其他司线员或主裁的裁定不作任何评论。

（3）如因运动员阻隔视线而没看见落点，应立即作出未看见落点的手势。

（4）对错判立即更正。再好的司线员也难免出错，一旦意识到误判，应立即呼报"更正"。

（5）如主裁判员对司线呼报作出改判，应保持安静，当运动员问及呼报和改判时，不予回答并将问题转向主裁判员。

（6）当负责底线、边线或发球中线时，注意呼报脚误。

（7）负责司网时，应呼报擦网和穿网。

（8）当主裁判员未看见或未听见运动员违反行为准则的言行，司线员要及时向主裁判员报告。

（9）不要为运动员拾球或递毛巾。

（10）不要与观众交流。

（11）不要为运动员鼓掌加油。

（12）未经主裁判员允许，不得离场。

（三）司线员呼报的基本技巧

1. 姿势

活球期间应一直保持警觉，死球时应会放松。在边线上时，为站姿；在底线及发球线时，为坐姿。

2. 呼报

呼报必须迅速（球一落地即呼报）而响亮（足以停止比赛并让观众听到），对每个出界球都要做呼报。

呼报总是在手势之前。司线员一共有6种呼报：出界、发球失误、脚误、擦网或穿网、更正，对应下述4种手势。

① "出界"或发球"失误"：手臂侧向完全伸展，指出球"出界"或"发球失误"方向，手势应在呼报之后做出，并保持足够长的时间

使主裁判员可以看到。

②"脚误""更正"与"擦网":手臂充分上举,同时呼报"脚误""更正"与"擦网"。

③"好球":双手并拢(手背向上),并让主裁判员看到;在线内大约1米范围的好球,你应做出好球手势。

④"未看见(落点)":双手在面前并拢于眼下位置;当比赛再次进行时,继续观察球的落点。

3. 观察球的方法及位置

如何观察球对司线员判断的准确性是至关重要的。

①不要一直跟随球的运行轨迹直至线上,稍微移动头部预判球的位置。

②在球落地前,目光移至线上。

③保持头部稳定,立即将目光集中于线上及线后区域。

④在运动员对抗击球过程中,不要将目光滞留在线上。

⑤在负责发球线时,应关注发球员的准备动作,当其将球抛起准备发球时,立即将目光集中于线上及线后区域。

4. 当一分结束时

①硬地赛场中,当一分结束的手势(呼报)做出时,注视主裁判员。

②沙地赛场中,应将目光留于球印上,但要注意主裁判员反应。

③作出呼报后,不要注视运动员。

(四) 网球比赛的司网裁判

在网球比赛中,我们经常看见一位坐在网柱旁的裁判员,他(她)就是司网裁判员。司网裁判的工作程序如下。

(1) 坐于网柱后,尽可能坐在主裁判员对面;如安放单打支柱,则座椅放在网柱之间。

(2) 只在运动员发球时,将手放于钢丝绳上,并注意球的声音;发球结束后将手离开。注意脚不应伸入场区内。

(3) 运动员发球擦网时,呼报"擦网"(net),然后将一手上举。

(4) 运动员击出的球穿网而过时,呼报"穿网"(through)。

(5) 帮助主裁判员换球,把新球交给拾球员,收回旧球。

(6) 每盘结束时,丈量并确认球网高度符合竞赛规则。

五、拾球员

凡看过网球大型比赛电视转播的网球爱好者，都会发现场地上除运动员、裁判员外，还有跑动的少年。他们在分与分之间拾球、传球、递球。运动员对打时，他们或立或蹲，纹丝不动。他们就是网球比赛中的拾球员。

在以前的英文网球专业书中，使用 ballboy 来表示拾球员。英文中 ball 表示"球"，boy 表示"男孩"。后来 ballboy 和 ballgirl 并用。girl 表示"女孩"。而现在却使用了 ball-person 和 ball-kids。这样由"男孩拾球员"变成"男女孩拾球员"，继而演变成现在的"拾球员"。这个词的变化过程，说明该"职业"已由原来的男孩独揽，变成如今的男、女孩同担。

无论是拾球员、捡球员或球童，其概念相仿，在中文的网球书中都使用这些词来表示场上的拾球员。国外比赛让较大年龄的少年拾球，原因有两个：一是因为网球比赛通常在室外进行，赤日炎炎下，拾球员要经常奔跑，年龄稍大者不易中暑；二是考虑到拾球员是比赛的组成部分，在大赛中，要求他们思想成熟，有自制力，遇事不乱，这是年龄较小的儿童较难做到的。

做一名优秀的拾球员绝非易事。他必须熟悉网球比赛规则，知道双方运动员何时交换发球，何时既交换场地又交换发球，何时交换场地而又不换球（在平局决胜局制时）。只有清楚了这些，才能在没有主裁判员的提示下，将球送到正确的场区一边。

送球实际上是将球由一边底线先传到网前的拾球员，然后再由他选择适当的时机传到另一边底线。传递时，拾球员要屈身将球从地面滚到另一名拾球员手中，传递的路线是直线，不应使球斜穿球场。

拾球员的首要职责就是拾起场地上的球。除去拾球外，他要听主裁判员的指挥；递主裁判员东西，免去主裁判员上、下裁判椅；帮主裁判员传达信息给场上其他的裁判员；帮运动员拿毛巾、递水；为运动员休息时撑遮阳伞；当运动员交换场地休息时，网前的两名拾球员要面向主裁判员和运动员站立，以便与裁判员交流和被主裁判员调遣，并随时为运动员服务。

实际工作中，网前与后场拾球员分工有明确划分。通常一场比赛的拾球员最多为6人，最少为1人。人数的多少取决于比赛的规模、等级和组织者的需要。

6人制拾球员的站位是：底线两端各两名、网前两名。底线拾球员要站得笔直，双手置于背后。一分结束后，持球手上举，另一只手放在身前，便于让运动员知道你手中有几个球。当运动员点头示意要球时，将球抛出，在地上反弹一下后，落在运动员伸出的手中。因此，要求拾球抛球时要有手感。如手中无球，则双手在身前摊开，以示告之。网前拾球员是蹲是站，这是根据观众看台的高低而论。如网前拾球员站立，不会影响观众的视线，则并不强调非蹲不可。否则，必须下蹲于网柱后边，做百米起跑状。

拾球员的跑动方法也有区别，有的两名网前拾球员保持在网柱两边（一根柱子边一个）。当一方跑动时，另一个要与其交叉换位。但也有的两名拾球员同在一根网柱两边，只有需拾球的一方才跑动。两种方法都是正确的。

当然，不管几个人拾球，拾球员同司线员一样，必须在规定时间内或局数内交替上场。

附录一 网球竞赛用球

一、竞赛用球的标准

第1条 除3阶（红色）海绵球外，网球的表面应为同种纺织物，接缝处不应有缝线。

第2条 球的规格应当符合表1，或本标准第4条的要求。

表1 网球竞赛用球的规格

属性	1型球（快速）	2型球（中速）[1]	3型球（慢速）[2]	高海拔型球[3]
重量（质量）	56.0～59.4克（1.975～2.095盎司）	56.0～59.4克（1.975～2.095盎司）	56.0～59.4克（1.975～2.095盎司）	56.0～59.4克（1.975～2.095盎司）
尺寸	6.54～6.86厘米（2.57～2.70英寸）	6.54～6.86厘米（2.57～2.70英寸）	7.00～7.30厘米（2.76～2.87英寸）	6.54～6.86厘米（2.57～2.70英寸）
弹性	138～151厘米（54～60英寸）	135～147厘米（53～58英寸）	135～147厘米（53～58英寸）	122～135厘米（48～53英寸）
压缩形变[4]	0.56～0.74厘米（0.220～0.291英寸）	0.56～0.74厘米（0.220～0.291英寸）	0.56～0.74厘米（0.220～0.291英寸）	0.56～0.74厘米（0.220～0.291英寸）
反弹形变[4]	0.74～1.08厘米（0.291～0.425英寸）	0.80～1.08厘米（0.315～0.425英寸）	0.80～1.08厘米（0.315～0.425英寸）	0.80～1.08厘米（0.315～0.425英寸）
颜色	白色或黄色	白色或黄色	白色或黄色	白色或黄色

注：1. 中速球可以是加压的，也可以是低压的。低压球的压强不得大于7000帕（1PSI），可以用于1219米（4000英尺）的地方，并应在与比赛地海拔高度相同的地方放置60天以上。

2. 慢球速也推荐用于海拔为1219米（4000英尺）以上的各种类型场地的比赛。

3. 高海拔型球为高压球，是专门用于高海拔 1219 米（4000 英尺）以上的比赛用球。

4. 压缩、反弹形变的数据是球的 3 个轴方向读数的平均值，任何两次数据差不能大于 0.08 厘米（0.031 英寸）。

第 3 条　本标准第 2 条中所有类型的球都要符合关于耐久性的要求（表 2）。

表 2　网球比赛用球的耐久性

项目	质量（重量）	弹性	压缩形变	反弹形变
最大变化幅度*	0.4 克（0.014 盎司）	4.0 厘米（1.6 英寸）	0.08 厘米（0.031 英寸）	0.10 厘米（0.039 英寸）

*在耐久性测试下的最大变化幅度参见现有版本的《国际网联批准用球、场地分类和获准场地》，表中耐久性数据是使用实验室设备模拟 9 局比赛的效果。

第 4 条　符合表 3 中列举的网球可用于 10 岁及以下网球比赛。

表 3　10 岁及以下网球竞赛用球的属性

属性	3 阶（红色）海绵	3 阶（红色）标准	2 阶（橙色）标准	1 阶（绿色）标准
质量	25.0～43.0 克（0.882～1.517 盎司）	36.0～49.0 克（1.270～1.728 盎司）	36.0～46.9 克（1.270～1.654 盎司）	47.0～51.5 克（1.658～1.817 盎司）
尺寸	8.00～9.00 厘米（3.15～3.54 英寸）	7.00～8.00 厘米（2.76～3.15 英寸）	6.00～6.68 厘米（2.36～2.70 英寸）	6.30～6.86 厘米（2.48～2.70 英寸）
弹性	85～105 厘米（33～41 英寸）	90～105 厘米（35～41 英寸）	105～120 厘米（41～47 英寸）	120～135 厘米（47～53 英寸）
压缩形变[1]	—	—	1.40～1.65 厘米（0.551～0.650 英寸）	0.80～1.05 厘米（0.315～0.413 英寸）
颜色[2]	不限	红加黄，或黄色带点儿红	橙加黄，或黄色带橙色点	黄色带绿点

注：1. 压缩形变的数据是球的3个轴方向读数的平均值，任何两次数据差无要求。对反弹形变无具体要求。

2. 球上点的尺寸和位置应合理。

3. 所有针对弹性、质量、尺寸、形变和耐久性的测试应当按照现有版本《国际网联批准用球、场地类型和获准场地》的相关规定进行。

二、球场速度分类与网球的选用

国际网联用于确认球场层面速度的检测方法是国际网联CS01/02试验法（国际网联球场速度分级），在国际网联的出版物《国际网联网球场面层测试方法指南》中有具体说明。

球场面层按照国际网联球场速度分级从0～29为第1类（慢速）。符合此类分级的场地类型包括大部分泥地球场和其他类型的疏松石土球场。

球场面层按照国际网联球场速度分级从30～34为第2类（中等偏慢），速度分级从35～39为第3类（中速）。符合此两类分级的场地类型包括大多数丙烯酸铺覆的硬地球场和部分地毯球场。

球场面层按照国际网联球场速度分级从40～44为第4类（中等偏快），速度分级45以上的为第5类（快速）。符合此两类分级的球场类型包括大部分天然草地球场、人造草地球场和部分地毯球场。

判例：

在不同的场地上应当分别使用哪种类型的球？

答案：可以使用3种网球规则批准用球。但是，不同场地所用球的类型也不同。

a. 1型球（快速）用于慢速场地。

b. 2型球（中速）用于中等偏慢、中等或中等偏快的场地。

c. 3型球（慢速）用于快速场地。

附录二　网球场地推荐画法[①]

一、单、双打兼用的场地画线

首先选择球网位置，画一条长12.8米（42英尺）的直线。在其中点处做标记（如图1所示的X点），然后由此点向两侧丈量，定点如下。

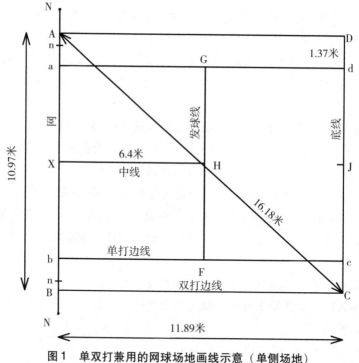

图1　单双打兼用的网球场地画线示意（单侧场地）

注：1. 作为国际比赛指导原则，底线到场地后侧的距离建议不小于6.4米（21英尺），两边线外的距离不小于3.66米（12英尺）。

2. 作为休闲和俱乐部比赛的指导原则，底线到场地后侧的距离建议不小于5.48米（18英尺），两边线外的距离不小于3.05米（10英尺）。

3. 原则上，室内球场的天花板的最低高度（从球网处测量）建议为9.14米（30英尺）。

---

① 场地的测量值应以各条线的外沿为基准。

距 X 点各 4.11 米（13.6 英尺）处为 a、b 点，球网与单打边线相交。

距 X 点各 5.03 米（16.6 英尺）处为 n、n 点，为单打支柱的位置。

距 X 点各 5.48 米（18 英尺）处为 A、B 点，球网与双打边线相交。

距 X 点各 6.4 米（21 英尺）处为 N、N 点，为网柱的位置，即 12.8 米（42 英尺）基准线的两端。

在 A、B 点加钉，并分别与两根量尺的一端相连。一根从 A 点向半场对角线方向量 16.18 米（53.1 英尺），而另外一根向边线量 11.89 米（39 英尺）。拉紧两根量尺，使两尺相交于 C 点，即底线一角。反向可丈量出底线另一角 D 点。为核实上述测量值，建议检验 CD 线，即底线的长度应为 10.97 米（36 英尺）；同时可标出底线中点 J 和距 C、D 点 1.37 米（4.6 英尺）的单打边线 c、d 两点。

中线和发球线各点 F、H、G 可分别在 bc、XJ、ad 线上距球网 6.4 米（21 英尺）处画出。

采取同样步骤可画完球网另一边的球场。

二、单打专用场地画线

如果只需要单打球场，虽然 a、b、c、d 以外的线均不必画，但仍可用以上方法丈量出球场。此外，也可在 a、b 处（代替 A、B）加钉量 14.46 米（47.5 英尺）和 11.89 米（39 英尺），找出单打底线的两角 c、d。网柱在 n、n 处并应使用 10 米（33 英尺）长的单打球网。

三、球网

当单、双打兼用的球场使用双打球网用于单打比赛时，球网必须在 n、n 处用两根 1.07 米（3.6 英尺）高的单打支柱撑起，单打支柱的直径或边长不得超过 7.5 厘米（3 英寸）。单打支柱的中心应距单打场地外 0.914 米（3 英尺）。

为了便于安装单打支柱，建议在画场地时将 n、n 两点用白点标出。

四、混合线

当执行机构同意使用所谓"混合线"时，应遵守以下指导原则。
（1）颜色：
· 使用与地面背景色同一色系的颜色；
· 颜色比地面背景色稍浅；
· 色差不超过22度（即背景色增加不多于25%的白色）。
（2）速度：
· 与地面速度相差不超过5 CPR。
（3）尺寸：
· 比标准线窄1～1.5厘米。
（4）标记：
· 与白色界线相交处少画8厘米。

附录三　运动员分析技术

运动员分析技术是指可以通过录制、存储、传送、分析,以及以任何种类或通过任何形式与运动员沟通等功能处理运动员表现数据的技术。

运动员分析技术可以在比赛期间录制/存储信息。根据竞赛规则第30条,只有运动员才可以获得此类信息。

附录四　网球场的广告

　　球网上距网柱中心0.914米（3英尺）以内的部分可以有广告，但广告不应影响运动员的视野和比赛环境。

　　执行机构可以在球网的下部放置一个非商业标识，该标识距离球网顶端至少0.15米（20英寸）并且不影响运动员的视野和比赛环境。

　　在场地后侧和两侧可以设置广告及其他标志或物体，但不能影响运动员的视野和比赛环境。

　　在场地界线之外的地面上可以设置广告及其他标志或物体，但不能影响运动员的视野和比赛环境。

　　尽管有上述关于网球场广告的规定，但设置在球网上，或场地后侧和两侧的，或场地界线之外地面上的广告，其颜色都不能是影响运动员视野或比赛环境的白色、黄色或其他浅颜色。

　　在球场界线以内的场地表面不能有广告及其他标志或物体。

附录五 网球竞赛备选程序和计分方法

一、局分——"无占先"计分法（竞赛规则第5条）

以下备选计分方法可以使用。
在"无占先"局的比赛中，应先报发球员的比分，计分如下：
无得分——0
第一分——15
第二分——30
第三分——40
第四分——本局比赛结束

如果双方运动员/队都赢得三分，这时的比分叫"平分"，然后要打一个决胜分。接球方将选择从场地左半区还是从右半区接发球。赢得决胜分的运动员/队赢得这一局。

在双打比赛中，进行决胜分比赛时接球方的两名队员不能改变接球站位。

在混双比赛中，与发球员同性别的接球员应当接决胜分的发球。接球方的两名运动员不能改变接球站位去接决胜分的发球。

二、盘分（竞赛规则第6、7条）

1. "短"盘制

先赢得4局并净胜对手两局的运动员/队赢得这一盘。如果局数比分达到4∶4时，则进行"平局决胜局"的比赛。

2. 七分制平盘决胜局

当比赛中盘数比分达到1∶1，或在五盘三胜制的比赛中盘数比分达到2∶2时，则用"平盘决胜局"代替决胜盘来决定比赛的胜负。

先赢得7分并净胜对方两分的运动员/队，将赢得"平盘决胜局"和整场比赛。

3. 十分制平盘决胜局

当比赛中盘数比分达到 1∶1，或在五盘三胜制的比赛中盘分达到 2∶2 时，用"平盘决胜局"代替决胜盘来决定比赛的胜负。

先赢得 10 分并净胜对方两分的运动员/队，将赢得"平盘决胜局"和整场比赛。

需要说明的是，当采用"平盘决胜局"代替决胜盘时：

·发球顺序保持不变（竞赛规则第 5、14 条）；

·在双打比赛中，就像每盘开始时那样，各队的发球和接发球顺序可以改变（竞赛规则第 14、15 条）；

·在"平盘决胜局"比赛开始前，应有 120 秒的盘间休息；

·即使在"平盘决胜局"前本应该换球的，此时也不能换球。

三、交换场地（竞赛规则第 10 条）

下述备选的交换场地次序可以在"平局决胜局"中采用。

在"平局决胜局"中，运动员应当在第一分后和随后的每 4 分之后交换场地。

四、重新发球（竞赛规则第 22 条）

备选的发球规则不包括竞赛规则第 22 条 a 款中有关重发球的内容。这就是说发出的球在碰到球网、中心带或网带后，仍为活球。

这个规则通常被称为"不重发规则"。

五、快 4 赛制（竞赛规则第 6、7 条）

采用快 4 赛制时，可以应用以下备选方法。

（一）盘分

一方运动员/队拿到 4 局后该盘结束。

当比分为 3∶3 时，采用快 4 平局决胜。

快 4 平局决胜时，先赢得 4 分的运动员/队赢得该盘，当比分为

4∶4时一分定胜负。平局决胜开始时，应发球的运动员（运动员甲）从场地右侧半区开始发前两分球。对方运动员（运动员乙）之后从场地右侧半区开始发两分球。运动员甲（或者双打搭档丙）发下两分球。运动员乙（或者双打搭档丁）发下两分球。当比分为4∶4时，运动员乙（或双打搭档丁）发决胜分，由接球方选择从场地左侧半区或右侧半区接发球。

运动员/队只在该局前4分结束后交换场地。

（二）重新发球

快4赛制中采用"不重发规则"。

双打比赛中，如果发球触及球网或网带，并落入（弹入）正确的发球区，接发球方任一运动员均可回发球。

附录六 技术官员

一、场上技术官员的作用

裁判长对于所有涉及网球规则的问题有最终裁决权,裁判长的决定是最终裁定。

在设有主裁判的比赛中,主裁判对于在整场比赛中所有事实问题有最终裁决权。

当运动员对于场上主裁判作出的关于网球规则问题的裁决有疑问时,有权申请裁判长进场。

在设有司线员和司网裁判员的比赛中,他们对自己负责的线或球网作出所有呼报(包括脚误的呼报)。如果主裁判确定司线员或司网裁判员作出了一个非常明显的误判,主裁判有权改判。如果在没有司线员和司网裁判的比赛中,主裁判负责所有线和球网的呼报(包括脚误的呼报)。

如果司线员没能对场上的情况作出呼报,他应当立即向主裁判示意,主裁判应当立即对场上的情况作出裁决。如果司线员没能对场上的情况做出呼报,或比赛中没有司线员而主裁判也不能对场上的事实问题作出判决时,这一分应当重赛。

在团体比赛中,当裁判长坐在场上时,裁判长可以对任何事实问题作出最终裁决。

在主裁判认为必要或适当的任何时候,可以中断或暂停比赛。

在光线暗、天气或场地条件不利的情况下,裁判长也可以中断或暂停比赛。当由于光线暗而暂停比赛时,则应当在该盘结束,或在这一盘中的双数局结束后暂停。在比赛暂停后重新开始比赛时,双方的比分和在场地上的位置保持不变。

裁判长和主裁判可以根据被批准并在执行中的行为规范的要求,对于继续比赛和指导的问题作出裁决。

判例 1：

主裁判改判后给了发球员第一发球，而接球方运动员争辩说发球员此前有过一次发球失误，应是第二发球。此时，是否应该要求裁判长到场作出裁决？

答案：可以。对于涉及的网球规则方面的问题（有关特定事实认定的问题），首先由场上的主裁判作出裁决。然而，当运动员不同意主裁判的裁决时，应当由裁判长来作出最终裁决。

判例 2：

球被呼报"出界"，但运动员声称是好球，此时可否要求裁判长到场对此作出裁决？

答案：不可以。对于比赛中的"事实问题"，场上主裁判的决定就是最终裁决（因为涉及的是在某一个具体事件中实际发生的事情）。

判例 3：

主裁判可否在比赛中一分结束后改判司线员的裁决，因为他认为在刚结束的回合中司线员作出的是一个明显的误判？

答案：不可以。主裁判只能在司线员出现明显误判后立即改判。

判例 4：

在司线员呼报"出界"之后，运动员申辩他的回球是好球。主裁判此时是否可以改判？

答案：不可以。主裁判绝对不能因为运动员的抗议或申诉而作出任何改判。

判例 5：

司线员呼报球"出界"，主裁判虽然认为球是界内的，但是他未能看得非常清楚。那么他是否可以更改司线员的呼报？

答案：不可以。主裁判只有在确信司线员存在明显的误判后才能改判。

判例 6：

司线员是否可以在主裁判报分之后更改自己的呼报？

答案：可以。如果司线员认为自己犯错了，只要不是出于运动员抗议或申诉的原因，就应当尽快更正。

判例 7：

在主裁判或司线员呼报"出界"之后更正回球是好球。正确的判罚是怎样的？

答案：主裁判必须决定之前的出界呼报是否干扰了双方运动员。如果是干扰，这一分应重赛。如果不是干扰，击球的运动员赢得这一分。

判例8：

当球被风吹回过网时，运动员按照规则准备过网击打该球。他的对方运动员妨碍了该运动员的回球动作，正确的判罚是怎样的？

答案：主裁判必须作出判断，如果是对方运动员有意干扰，该分应判给受到干扰的运动员，如果是无意地干扰则该分要重赛。

二、检查球印的程序

只有在泥地球场上进行的比赛，才可以检查球印。

只有当主裁判在其主裁椅上进行的比赛，对一分球最后一击的呼报，或一名运动员/队停止击球（在可以回击球但必须立即停止比赛），并质疑的呼报无法确定时，才能在运动员的要求下检查球印。

当主裁决定检查球印时，他/她应当从主裁判椅上走下来亲自检查。若其不知道球印位置，可以要求司线员帮助确定，但必须由主裁判亲自检查。

当司线员和主裁判都不能确定球印的位置或球印已看不清楚时，则应维持之前的呼报或改判后的结果。

主裁判确定了球印位置后作出的裁决为最终决裁，且不能申诉。

在泥地球场上进行比赛时，除非主裁判十分确定，否则不应过快呼报比分，如有疑问，应当先决定是否需要先检查球印然后再报分。

在双打比赛中，运动员必须在主动停止击球或主裁判呼报停止击球时才能提出申诉。如果运动员向主裁判提出申诉，主裁判首先必须决定是否符合正确的申诉程序。如果不符合申诉程序或申诉的时间已晚，那么主裁判可以判定对方运动员受到故意干扰。

如果在主裁判作出最终裁决之前，运动员擦掉了球印，那就意味着他已认可该分的呼报。

运动员不可以过网去检查球印，否则将按照行为准则中的"违背运动员精神"规定予以处罚。

三、电子回放的使用程序

在使用电子回放系统的网球赛事中,在设有该系统的场地上的比赛应当遵循以下程序。

(1) 只有在一分球的最后一击时或运动员/队主动停止击球(可以允许回球,但之后运动员必须立即停止击球)时,才能允许运动员/队要求对司线员的呼报或者主裁判的改判查看电子回放。

(2) 当对司线员的呼报或改判有疑问时,主裁判应当决定使用电子回放系统。然而,如果主裁判确信运动员提出不合理的要求或者没有及时提出要求,则可以拒绝使用电子回放系统。

(3) 在双打比赛中,申诉的运动员/队必须主动停止击球或主裁判终止击球时方可提出申诉。如果运动员向主裁判提出了申诉,主裁判首先必须决定是否符合正确的申诉程序。如果不符合申诉程序或申诉的时间已晚,那么主裁判可以判定对方运动员/队受到故意干扰,在这种情况下申诉运动员/球队将失分。

(4) 如果电子回放系统出于某种原因不能对司线员的呼报或改判作出判定时,之前的呼报或改判将保持不变。

(5) 电子回放后,主裁判的裁决为最终裁决,且不可申诉。如果电子回放系统需要手动操作回放某个特定的球印,应由裁判长任命的技术官员决定回放哪一个球印。

(6) 每名运动员/队每盘允许有3次挑战失败的机会,平局决胜局中增加1次。对于长盘制的比赛,运动员(队)在6:6时以及之后的每12局将重新获得最多3次的挑战失败的机会。当比赛采用平盘决胜局制时,平盘决胜局将被视为一盘,每名运动员(或队)将拥有3次挑战失败的机会。运动员(队)挑战成功的次数不受限制。

附录七 10岁及以下年龄组的网球比赛

一、场地

除了竞赛规则第1条中列出的场地（完整尺寸）外，以下尺寸的场地可用于10岁及以下年龄组的网球比赛。

（1）适用于10岁及以下年龄组网球比赛的红色长方形场地，长度应在10.97～12.8米（36～42英尺）之间，宽度在4.72～6.1米（14～20英尺）之间。球网中间的高度应在0.8～0.838米（31.5～33英寸）之间。

（2）橙色长方形场地，长度应在17.68～18.29米（58～60英尺）之间，宽度在6.1～8.23米（20～27英尺）之间。球网中心高度在0.8～0.914米（31.5～36英寸）之间。

二、球

本书附录一中只有以下种类的球可以用于10岁及以下年龄组的网球比赛。

（1）在红色场地上的比赛建议使用3阶（红色）球，适合年龄不超过8岁的运动员，配合使用长度不大于58.4厘米（23英寸）的球拍。

（2）在橙色场地上的比赛建议使用2阶（橙色）球，适合8～10岁的运动员，配合使用长度在58.4～63.5厘米（23～25英寸）的球拍。

（3）在完整尺寸场地上的比赛建议使用1阶（绿色）球，适合9～10岁的高水平运动员，配合使用长度在63.5～66厘米（25～26英寸）的球拍。

三、计分方法

10岁及以下年龄组运动员在采用3阶（红色）、2阶（橙色）和1阶（绿色）球比赛时，除了采用单局决胜制、3个决胜局两胜制、短盘制和一盘制等短时计分方法以外，还可以采用网球规则（包括本书附录五）中阐述的其他计分方法。

四、计时赛

针对10岁及以下年龄组的网球比赛，赛事委员会可以设置计时赛。

附录八　网球竞赛规则的审查与听证程序

1. 绪论

1.1　本程序由国际网联董事会（以下简称"董事会"）于 1998 年 5 月 17 日批准通过。

1.2　董事会可以适时补充、修订或变更本程序。

2. 目的

2.1　国际网联是网球规则的监督者并负责：

　　a. 维护网球赛事的传统和廉正；

　　b. 积极维护网球比赛的传统技术；

　　c. 鼓励发展，使比赛保持挑战性；

　　d. 保证公平竞赛。

2.2　为了保证公平、连贯、高效地进行网球规则的审查与听证，应当采用本程序。

3. 范围

本程序适用于以下规则的裁定：

　　a. 第 1 条——场地；

　　b. 第 3 条——球；

　　c. 第 4 条——球拍；

　　d. 网球竞赛规则附录 I[①]；

　　e. 国际网联可以作出决定的其他任何与网球规则相关的问题。

4. 结构

4.1　根据本程序规定，由裁决委员会公布裁决结果。

4.2　裁决委员会的裁决为最终裁决。但依据本程序，当事人有权向申诉庭提起申诉。

5. 申请

　　受理申诉的依据：

[①] 即本书附录一。——编者注

a. 根据董事会的提议；

b. 根据以下程序接到申请。

6. 裁决委员会的任命和组成

6.1　裁决委员会由国际网联主席（以下简称"主席"）或其指定人员任命，组成人员数量由主席或其指定人员决定。

6.2　如果有一人以上的人被任命组成裁决委员会，那么裁决委员会应从中提名一人担任委员会主席。

6.3　裁决委员会主席有权调整裁决委员会举行任何听证会之前和听证会过程中的程序。

7. 裁决委员会的拟裁决

7.1　根据董事会提议作出的拟裁决的细节，可以提供给运动员、器材生产厂商、国家网球协会及其会员等相关人员。

7.2　上述收到拟裁决的人员，可在合理时间内将有关拟裁决的意见、异议或要求提交给主席或其指定人员。

8. 申请裁决

8.1　任何相关人士，包括运动员、器材生产厂商、国家网球协会及其会员都可以对裁决提出申请。

8.2　任何裁决的申请都应以书面形式递交至主席。

8.3　有效的裁决申请必须至少包含以下信息：

a. 申请人的全名和地址；

b. 申请日期；

c. 清楚地阐明申请人要求裁决的立场；

d. 申请人希望在听证中给予考虑的所有相关的书面证据；

e. 如果申请人认为有必要提供鉴定意见，那么他应该提出申请，但必须明确鉴定人的姓名及其相关专业知识；

f. 当申请裁决的是球拍或其他器材时，必须将涉及器材的样品或者复制品连同申请书一并递交；

g. 如果申请人认为涉及特殊或异常情况，需要在指定时间内或在某天前完成裁决，那么申请人应当详述这一特殊或异常情况。

8.4　如果裁决申请中没有包括上述8.3项中a～g条所涉及的信息或装备，主席或其指定人员应通知申请人在指定的合理时间内补齐这些材料。如果申请人不能在指定的时间内补齐这些缺项，申请将被驳回。

9. 召开裁决委员会会议

9.1 在收到有效申请时，或在董事会提议下，裁决委员会主席或其指定人员可以召开裁决委员会会议来处理此项申请或提议。

9.2 如果裁决委员会主席认为不需要听证就可以公平处理某项申请或提议，裁决委员会可以不举行听证。

10. 裁决委员会程序

10.1 裁决委员会主席应决定审查/听证会的恰当形式、程序和日期。

10.2 裁决委员会主席应将上述10.1条款中内容以书面形式告知申请人或其他相关人士或协会。

10.3 主席应决定与证据相关的所有问题，并且不受法定议事程序和采纳证据的约束，只要审查/听证会能够公平地召开，并且每一位相关的当事人都有合理的机会进行陈述。

10.4 任何审查/听证会都应当依照如下程序进行：
  a. 不公开举行；
  b. 裁决委员会可以暂停或延期举行审查/听证会。

10.5 在处理需要特殊技术或经验的特定问题时，裁决委员会主席有权在裁决委员会中增补拥有特殊技术或经验的成员。

10.6 裁决委员会应根据多数人的意见进行裁决。任何裁决委员会的人员都不能弃权。

10.7 裁决委员会主席有绝对的权利决定收取申请人（或其他在审查/听证会上持反对意见、要求解释的个人或组织）相关的申请费用或裁决委员会进行有关装备测试和获取报告所需的合理费用。

11. 通知

11.1 一旦裁决委员会作出裁决，就应以书面形式在尽可能短的合理期限内通知申请人或其他任何相关个人或协会。

11.2 书面通知应当包括裁决委员会的裁决理由。

11.3 在申请人收到裁决通知后或裁决委员会另行指定的日期过后，裁决委员会作出的裁决立即生效。

12. 现行网球规则的应用

12.1 尽管裁决委员会有权出台过渡性规则，在裁决委员会审查/听证结束、公布裁决之前，现行网球规则仍然适用。

12.2 在召开审查/听证会之前或期间，裁决委员会主席可以提出指导性意见，作为网球规则和包括过渡性规则在内的其他规则合理必要的实施原则。

12.3 在裁决委员会没有就装备是否符合网球规则的要求作出裁决的情况下，过渡性规则可以包括限制使用这些装备的条款。

13. 申诉庭的任命与组成

13.1 申诉庭由主席或其指定人员（从董事会成员或技术委员会成员中）任命。

13.2 作出原裁决的裁决委员会成员不能成为申诉庭成员。

13.3 申诉庭的人数由主席或其指定人员决定，应不少于三人。

13.4 申诉庭应提名一名成员担任主席。

13.5 申诉庭主席有权调整申诉听证会之前或期间的程序。

14. 提出申诉

14.1 申请人（或任何对拟裁决提出意见、异议或要求的有关个人或组织）可以对裁决委员会的任何裁决提出申诉。

14.2 有效申诉必须符合以下情况：

  a. 收到裁决通知书后 45 天内，以书面形式向作出裁决的裁决委员会主席提起申诉；

  b. 必须详细陈述申诉的内容；

  c. 必须包括申诉的所有理由。

14.3 作为申诉条件，在作出原裁决的裁决委员会主席收到有效申诉时，可以要求申诉人支付一定数额的申诉费。如果申诉成功，该申诉费应当退还申诉人。

15. 召开申诉庭会议

申诉人缴纳申诉费后，主席或其指定人员应召开申诉庭会议。

16. 申诉庭的程序

16.1 申诉庭及其主席应根据前面第 10、11 和 12 条的规定执行程序和举行听证会。

16.2 在申诉人收到通知或申诉庭确定的日期过后，申诉庭的裁决为最终裁决并立即生效。

17. 原则

17.1 如果裁决委员会只有一人，那么该成员作为主席负责管理听证会并决定听证会举行之前和期间应当遵守的程序。

17.2 所有审查/听证会使用的语言为英语。如果申诉人或持反对意见或要求解释的其他个人或组织不懂英语，则必须有翻译在场。翻译人员必须尽可能保持中立。

17.3 裁决委员会或申诉庭可以公布裁决摘要。

17.4 按本程序规定，所有通知书均应采用书面形式。

17.5 所有按本程序规定告知、寄送或传送给申请人或其他相关人员通知之日，即视为已经完成通知。

17.6 如果裁决委员会合理认定某一申请与已经作出决定或裁决的申请或提议大体相同，并且裁决是在此次申请日期之前的 36 个月之内作出的，那么裁决委员会有权不予受理。

附录九 网球裁判员准则

运动员的专业水平及行为有标准要求，裁判员的专业水平及行为表现也有标准要求。

一、身体及行为表现

（1）裁判员应具备良好的身体状况。
（2）视力、听力正常。
（3）裁判员应准时出席指定的比赛。
（4）裁判员应在其担任赛事工作中学习、理解并合理运用"网球规则"，了解赛事规程及"行为准则"。
（5）裁判员的着装及仪态应与比赛的庄重性与整体性相符合。
（6）裁判工作的当天不能饮用含酒精的饮料。

二、业务及专业要求

（1）裁判员不能担任与其有关系的运动员比赛的执法工作，以免由于利益冲突而造成运动员对其裁决公正性的怀疑。
（2）裁判员应就运动员要求与之讨论规则的解释，合理控制运动员的行为表现。
（3）裁判员不要与运动员熟识并建立亲密关系，但这并不意味着裁判员不能与运动员下榻同一宾馆，或不能出现在运动员也参加的公开场合。
（4）裁判员不应以任何方式就赛事进行打赌。
（5）除了比赛中对喧哗观众的控制，裁判员不要在赛前、赛中、赛后与观众攀谈。
（6）裁判员不得参加媒体的记者采访及会议（其中有关裁判工作

的谈话内容会被报纸刊登或电台播放）。

（7）裁判员在任何时刻都应对运动员保持公正态度，不要采取任何有损裁判公正性或引起质疑的行动。

（8）裁判员在任何时刻都要有专业的、高尚的举止，应具有责任感。

参 考 文 献

[1]《世界体育大事典》编辑委员会．世界体育大事典［M］．北京：中国致公出版社，1993．

[2]《网球》杂志．网球入门宝典［M］．长沙：湖南文艺出版社，2011．

[3] 布朗．网球［M］．潘四凤，译．徐州：中国矿业大学出版社，2005．

[4] 陈德志，陈祺，张志斌，等．网球运动教程［M］．广州：中山大学出版社，2017．

[5] 陈建强，魏琳．网球教学与练习［M］．上海：复旦大学出版社，2017．

[6] 董杰．网球竞赛裁判工作手册［M］．北京：高等教育出版社，2016．

[7] 付辉，王锋．网球运动教程［M］．天津：天津科学技术出版社，2018．

[8] 黄德元，刘键．高校体育选项课理论教程［M］．上海：复旦大学出版社，1999．

[9] 勒特尔，科瓦奇．网球运动系统训练［M］．孟焕丽，张晶，译．北京：人民邮电出版社，2015．

[10] 李静，李壮壮，王文，等．网球［M］．杭州：浙江大学出版社，2013．

[11] 李小兰，王伟．最新球类运动规则与裁判法［M］．北京：新华出版社，2015．

[12] 利特尔福德，马格拉斯．网球提升：基础技巧与实战策略［M］．张妍妍，译．北京：人民邮电出版社，2015．

[13] 林卫国，朱其林．网球［M］．北京：知识出版社，1998．

[14] 刘保华．现代网球运动教程［M］．北京：北京体育大学出版

社，2016.

[15] 刘青．网球运动教程［M］．北京：人民体育出版社，2012.

[16] 刘青．中国网球女子双打研究［M］．成都：电子科技大学出版社，2005.

[17] 马兰．你最想看的细说万事万物由来［M］．天津：天津人民出版社，2015.

[18] 马萨斯基．图说网球技术：学习基本技术的最佳方法［M］．刘文娟，蔡利勇，崔建强，译．北京：北京体育大学出版社，2007.

[19] 潘晟．怎样打网球［M］．苏州：苏州大学出版社，1996.

[20] 盛文林．网球：体力与意志的结合［M］．北京：台海出版社，2014.

[21] 斯普拉格．网球天王与他的时代：费德勒传［M］．萨米，译．北京：金城出版社，2020.

[22] 陶志翔，等．网球［M］．北京：北京体育大学出版社，2000.

[23] 陶志翔．网球运动教程［M］．北京：北京体育大学出版社，2007.

[24] 王锋．网球运动实用教程［M］．天津：天津科学技术出版社，2019.

[25] 王增明．近代中国体育法规［M］．中国体育史学会河北分会，1988.

[26] 谢成超，杨学明．大学网球教程［M］．北京：化学工业出版社，2016.

[27] 谢相和．大学网球教程［M］．成都：四川大学出版社，2013.

[28] 杨桦．网球运动教程［M］．北京：北京体育大学出版社，2014.

[29] 易春燕．中国网球运动发展研究［M］．郑州：河南大学出版社，2014.

[30] 尹树来，蒋宏伟．网球运动理论与实践指导［M］．北京：中国书籍出版社，2018.

[31] 虞力宏，楼兰萍．网球运动［M］．杭州：浙江大学出版社，2015.

[32] 张宏伟，王博．第八届远东运动会史考［J］．体育文化导刊，2007（8）：90－92.

［33］张林中. 网球运动［M］.哈尔滨：哈尔滨地图出版社，2009.

［34］张伦厚. 现代网球运动理论与技战术研究［M］.北京：北京体育大学出版社，2017.

［35］张荣魁. 我国高校网球教学与训练的多维度探析［M］.长春：吉林大学出版社，2012.

［36］中国科学技术馆. 网球的前世今生：运动器材和装备［M］.北京：中国科学技术出版社，2012.

［37］中国网球公开赛组委会. 中国网球公开赛［M］.北京：现代出版社，2004.

［38］中国网球协会. 网球竞赛规则：2018［M］.北京：人民体育出版社，2018.

MPR出版物链码使用说明

本书中凡文字下方带有链码图标"========"的地方,均可通过"泛媒关联"的"扫一扫"功能,扫描链码获得对应的多媒体内容。

您可以通过扫描下方的二维码下载"泛媒关联"APP